Rudolf Reiser

KLENZES GEHEIME
MEMOIREN

DER GROSSE ARCHITEKT
ALS CHRONIST UND KRITIKER

Buchendorfer Verlag München

© Buchendorfer Verlag München 2004
Lioba Betten
Alle Rechte vorbehalten
Umschlag: Susanne Elten, München
Herstellung und Satz: VerlagsService Dr. Helmut Neuberger
& Karl Schaumann GmbH, Heimstetten
Druck und Bindung: Jos. C. Huber, Garching
Printed in Germany
ISBN 3-937090-08-8

INHALT

dieser Plan war von mir als
Generalinspecteur der Kronprinzen mir gezeigt
schon von h. Nov. an die die
Kronprinzen übergeben. Ich
machte mich davon ... ...
... ...
Zuschuß von 8000 fl ... ...
... Stute ... Anlage
... ..., indem ich den
Plan so ... hatte ...
... ... unter ...
... 70-80,000 fl der ...
... ..., ...
... der Kronprinz kein
... Opfer zu bringen ...
hatte. Die ... ...
... ... mich ...
Plan ... einige ... ...
zu machen ~~...~~ ~~...~~
~~...~~ ...
Gegen Ende April war der Kronprinz
nach Wien ..., ... den
König zu begleiten, ... seine
Krankheit ... hatte.

Vorwort

Diese Memorabilien dürfen nur von meinen Erben gelesen werden, welche das Lebensalter von 30 Jahren zurückgelegt haben. Es darf in keinem Falle öffentlicher Gebrauch davon gemacht werden, solange ich, meine Kinder, der König Ludwig und irgendeines seiner Kinder noch am Leben sind.«

Selten beginnen Erinnerungen so vielversprechend wie die von Leo Klenze, die er so umschreibt: »Farben zu dem Bilde, welches sich die Nachwelt von Ludwig I., König von Bayern, machen wird.«

Voll zupackender Leidenschaft notiert sich der große Architekt und Maler in seinem Atelier hinter dem Münchner Leuchtenberg-Palais, zwischen Rissen und Reisen die befriedigenden und bitteren Erfahrungen, die er in der bayerischen Residenzstadt macht, seine Erlebnisse mit einem König, der die schönsten Frauen hofiert und verführt, der das Geld für geniale Schöpfungen bereitstellt. Der Meister, der das Stadtbild prägt wie keiner vor und nach ihm, verrät auf seinen oft sehr schwer entzifferbaren Zetteln (heute Bayerische Staatsbibliothek) süße und politische Gescheh- und Geheimnisse und ab und an auch seine architektonischen Ab- und Ansichten.

Lassen Sie sich führen in eine längst versunkene Welt, die sich allenfalls noch am Münchner Stadtbild und an den Königsbauten in Aschaffenburg, Kelheim und Donaustauf in Konturen zeigt, dort allerdings schon sehr nachhaltig illustriert, zu welchen Höhenflügen die Kunst ansetzen und die Menschen begeistern kann.

Teilweise schwer zu lesen sind Klenzes Memorabilien. Auf dem gegenüberliegenden Blatt vom Juni 1827 berichtet der Autor, daß er vor Jahren einmal als »Bevollmächtigter« den Kronprinzen Ludwig vertreten mußte.
Den Grund erfahren wir aus den letzten (durchgestrichenen) Zeilen: »Gegen Ende April war der Kronprinz nach Wien abgereist, wohin der König zu begleiten ihn seine Kranckheit abgehalten hatte.«

Der Architekt und das Königshaus

Man schreibt das Jahr 1814, der in Straubing geborene Optiker Joseph Fraunhofer hat soeben als erster Mensch die später nach ihm benannten Linien im Sonnenspektrum entdeckt, da erscheint in München ein ganz besonderer Stern. Der knapp 30jährige Leo Klenze meldet sich bei der Polizei. Er ist seit kurzem mit der Turinerin Felicitas Blangini (24) verheiratet und schnell mit dem Kronprinzen Ludwig (28) befreundet. »Also doch ein Teutscher«, ruft ihm dieser »meiner blonden Haare einen Büschel ergreifend zu«.

Bald darauf wird Klenze von König Max I. Joseph gerufen, um angebotene Bilder auf ihre Qualität hin zu beurteilen. Der Fremde sieht das erstemal die verschwenderische Pracht in der Residenz und begegnet dort auch gleich dem russischen Zaren Alexander I. und dem österreichischen Kaiser Franz I. Und er wundert sich, als ihn der Hausherr sogleich »mit den schmeichelhaftesten Epitheten eines der größten lebenden Architekten, eines großen Kunstkenners usw. vorstellt«. Der Bürgerssohn aus Schladen bei Goslar ist natürlich gerührt, noch mehr aber über das prompte Angebot, Hofarchitekt zu werden.

Ludwig erklärt dem Gast, wie er schon seit längerem versuche, »in Bayern eine höhere Tendenz der Kunst hervorzurufen und in diesem Sinne bis jetzt dort alle besseren Künstler beschäftigt habe, welche ihm aber nicht entsprochen«. Doch bald kommen die ersten Schwierigkeiten mit dem Kronprinzen. Und Klenze ahnt, »daß es mir an Hindernißen und Verdrießlichkeiten in Bayern nicht fehlen würde«. Er überlegt kurz, entschließt sich dann aber doch, »konsequent dem zu dienen, an welchen ich meine Existenz nun einmal geknüpft hatte, aber – auch für meine Rechtfertigung – alle Hauptumstände meines Verhältnißes und Zusammenlebens mit dem Kronprinzen von Zeit zu Zeit aufzuzeichnen«.

München ist damals im Kern eine mittelalterliche Stadt mit gotischen Bürgerhäusern und Kirchen und einer großen Bauernschranne auf dem Hauptplatz. Der Adel wohnt in verschnörkelten Barockpalästen, Ludwig in dem prächtigen, von Fischer erbauten Kronprinzenpalais (1951 abgerissen) am Karolinenplatz. Wie er selber sagt, fühlt er sich aber in der Stadt überhaupt nicht wohl. So verrät er Klenze einmal, »dereinst die Residenz von München hinweg zu nehmen, weil diese Stadt kein historischer Ort sei«. Eines Tages zeigt der Wittelsbacher dem Künstler ein Gedicht:

> »Soll ich sagen, was mir am meisten
> zuwider auf Erden?
> Münchens Lage und Bau,
> Münchner Gesellschaft und Luft.«

Die Bayernresidenz von München nach Bamberg verlegen wollte Ludwig I. als Kronprinz. Klenze wird mit einem entsprechenden Plan beauftragt. Stich von François Forster nach einem Gemälde von Joseph Stieler.

Und er fährt fort: »So wie Perikles einst die Stadt des Kekrops verschönerte,/Freund, so glaubst du von mir, würd' ich in München einst thun?« Die Antwort wird von Ludwig mit dem Hinweis verneint: »Du hast nicht bedacht, daß mit Athenern er lebte«, also nicht mit den ungeliebten Münchnern.

In seiner arg- und zügellosen Phantasie spricht Ludwig immer wieder davon, »bei seinem Regierungsantritte die Residenz von München nach Bamberg zu verlegen«. Einmal beauftragt er Klenze sogar, »ihm einen Plan zu schicken, wie in diesem Falle die Stadt gestaltet werden könne, um denselben bei seiner Durchreise in Bamberg an Ort und Stelle mit den Örtlichkeiten zu vergleichen«.

Doch das sind romantische Seufzer des Kronprinzen. Noch regiert der populäre Vater. Er feiert 1816 seinen 60. Geburtstag und wähnt sich in der Blüte seines Lebens. Man sagt, er sieht lieber in Mädchenaugen als in Ministerakten.

Die Münchner Glyptothek, das erste Werk Klenzes. Noch 1816 wird der Grundstein gelegt. Lithographie von Carl Heinzmann.

In der Residenz geht es entsprechend zu. Bei Tisch und Tanz wird geflirtet und gegrapscht. Eine begehrenswerte Dame klagt einmal, so berichtet Klenze, wenn sie sich setzen wolle, halte ihr immer ein männliches Wesen in eindeutiger Absicht die Hand unter das Gesäß.

So hat denn auch bei Ludwig, erzählt der Memoirenschreiber weiter, »dem Laufe der Dinge gemäß das Beispiel des Vaters in Sachen des VI. Gebotes zur Nachahmung angetrieben und geführt«. Es sei doch logisch, »wenn ein Sohn, welcher des guten Königs Max Beispiel von Jugend auf vor sich sah und seine laxe Moral täglich hörte, patris ad exemplum handelte«.

Dann berichtet Klenze von einem Erlebnis mit dem Monarchen und seinem zweitältesten Sohn Carl. »War ich doch einst Zeuge bei einem Jagddiner im Gebirge bei Berchtesgaden, daß der König Max ganz laut und dringend seinen Sohn, den Prinzen Carl, aufforderte, ein schönes Alpenmädchen, welches ein ländliches Geschenk zu überrei-

10

chen kam, ohne weiteres in das nahe Gebüsch zu führen, und als dieser sich weigerte, ganz verwundert sagte: Wie, findest du sie nicht schön genug, um deiner Erregung würdig zu sein?« Klenze stellt daraufhin die Frage: »Wird man es bei dem Kronprinzen wohl beßer gemacht haben?«

Dieser Prinz Carl wird Soldat und ein großer Held, auch Frauenheld. Eine seiner Mätressen sieht Klenze im Sommer 1814. Sie ist eine »Schauspielerin von sehr lockerem Rufe«, die offen von den Liebesabenteuern im »Veneraeum« redet. Klenze: »Die dort dargebrachten Opfer hatten endlich Folge gehabt.« Sie schenkt einem Mädchen das Leben, das sie (nach dem Vater) Caroline tauft. Es soll 19 Jahre später mit seinem lustigen und listigen Auftreten auch Ludwig, der ja ihr Onkel ist, den Kopf verdrehen, aber ihn nach mehreren Flirts elegant und charmant abblitzen lassen, wie Klenze erzählt.

Leider teilt er nicht mit, wie die hübsche Königin Karoline, die um 20 Jahre jünger als Max ist, auf die Ausschweifungen ihres Mannes und ihrer Stiefsöhne Ludwig und Carl reagiert. Wir erfahren von Klenze nur, sie und der Kronprinz lebten zunächst »in Hader und Zwietracht« mit ihr. Später ändert sich das gewaltig. So wird die (protestantische) Karoline »durch hohe Tugend, Güte und Klugheit nach und nach wieder das wahre Haupt der ganzen königlichen Familie und die Vermittlerin und Versöhnerin bei den zahlreichen Reibungen«. Sie erlebt auch noch die meisten Bauwerke ihres Stiefsohnes Ludwig, der schon als Kronprinz mit Klenze das neue München konzipiert.

Man geht viel in der Isar-Metropole spazieren, um die günstigsten Plätze zu ermitteln. Da sagt am 2. April 1816 Ludwig zu ihm, er wolle gegenüber der schon beschlossenen Glyptothek eine Kirche bauen. Und Klenze schreibt: »Ich fügte dann den Vorschlag hinzu, den Platz auf der Seite gegen Nymfenburg mit einem Stadt-Thore zu schließen, dieses im dorischen, die Kirche im korinthischen und die Glyptothek im jonischen Style zu erbauen – welches alles S(einer) K(öniglichen) Hoheit sehr gefiel, und somit glaube ich, aus dem an sich so ungünstigen Platze die günstigste Partie gezogen zu haben.«

Doch lauschen wir dem Architekten weiter: »Nach diesen Berücksichtigungen waren die Pläne der Glyptothek eingerichtet. Einige Tage nach der Übergabe meines Entwurfs ließ mich der Kronprinz am Abend rufen und sagte mir, nach reiflicher Überlegung und Ver-

11

Von Ludwig I. schlecht behandelt: Links seine Schwester Auguste Amalie (Gemälde von Joseph Stieler), die unter ihm zu leiden hat, weil sie mit einem Franzosen verheiratet ist, daneben Ludwigs Ehefrau Therese, die ständig betrogen wird. Gemälde von Albert Riegel in der von Ludwig I. erbauten Villa Ludwigshöhe in Edenkoben/Pfalz.

gleichung der verschiedenen Pläne, welche er sich habe machen lassen und nachdem er 3 Kunstkenner zu Rathe gezogen, wovon 2 gegen und nur einer für mich gesprochen, habe er beschloßen, meinen Entwurf durch mich selbst ausführen zu laßen. Es ward weitläufig über die Form, Construktion und Ausführungszeit gesprochen, aber von der Art, mich selbst zu belohnen, nichts erwähnt. Ich erhielt Befehl, sobald möglich nach Salzburg abzureisen, um die Marmorbrüche des Untersberges anzusehen, welche den Stein zu der äußeren Facade liefern sollten.«

Noch in diesem Jahr 1816 legt Ludwig den Grundstein für die Glyptothek, und Klenze teilt schon sehr enttäuscht mit, die Medaille zu diesem Ereignis habe »3 Schreibfehler«. Von diesem Stück behält eines Ludwig für sich persönlich, ein zweites bekommt das Münzkabinett. »Dann ward der Stempel zerbrochen, nicht einmal mir hat der Kr(on)p(rin)z ein Exemplar gegeben; man sagt mir, das Zerbrechen des Stempels sey geschehen, um nicht in die Verlegenheit zu kommen, solche Medaillen verschenken zu müßen.«

Als dann der Bauherr verlangt, »die Dachgebälke von Eisen« zu erstellen, meldet Klenze Bedenken an. Doch er kann sich nicht durchsetzen gegen den Wittelsbacher. »Daß man diesem nicht leicht widersteht, sehe ich alle Tage deutlicher«, klagt der Memoirenschreiber schon sehr bitter.

»Fürstenzank und Laune«

Das Metall in der Dachkonstruktion der Glyptothek entspricht dem eisernen Willen des Kronprinzen, seinen Schwager Eugen Beauharnais und dessen Frau Auguste Amalie, also seine eigene Schwester, aus München zu vertreiben und zu verbannen. Sie waren immerhin einmal das Vizekönigspaar von Italien. Dazu kurz die Vorgeschichte:

Nach den Napoleonischen Kriegen haben sich beide mit ihren Kindern in München niedergelassen. Der Franzose, Stiefsohn des geschlagenen Korsen, wird nun Ende April 1816 bei Klenze vorstellig, der das Gespräch festhält. »Ich solle ihm für einen mir in der Nähe der Glyptothek bezeichneten Platz einen Entwurf zu einem Pallast – etwa in der allgemeinen Plandisposition der Villa Buonaparte in Mayland ähnlich – machen. Ich habe mich auch, so gut es möglich war, über einige spezielle Wünsche und Angaben belehrt und gehe nun frisch ans Werk.«

Schon im Mai trägt der Architekt in sein Tagebuch: »Ich habe die Entwürfe für den Vize König vollendet und ihm dieselben vorgelegt und nebst noch einigen Wünschen für die Distribution des Empfangsapartements den vollsten Beyfall geärndtet. Der Prinz befahl mir, bald die zur Ausführung nöthigen Vorarbeiten zu beginnen, und ich

Eugen Beauharnais. Für ihn baut Klenze das Leuchtenberg-Palais. Stich von Louis Charles Ruotte aus Paris.

13

glaube, mich der Verwirklichung dieses großen und schönen Planes freuen zu können.« Und dann der entscheidende Satz: »Dem Kronprinzen habe ich dieses Alles mitgetheilt, und es schien ihm sehr angenehm zu sein.«

Da wird plötzlich Klenze zu Ludwig gerufen »und zu meinem Erstaunen« mit folgenden Worten angeredet: »Klenze, ich will und will und will nicht, daß sich mein Schwager, der Franzose, hier niederläßt und anbauet, und ich sage Ihnen dieses hiemit; und wenn es doch geschieht, so haben Sie es mit mir auf ewig verschüttet.«

Der so Angesprochene fährt fort: »Ich wußte nicht, was antworten, als daß ich mich nicht mächtig genug fühlte, um in dieser Sache etwas verhindern oder befördern zu können, ward aber, ohne weiter angehört zu werden, mit der bestimmt ausgesprochenen Wiederholung der obigen Drohung entlaßen und nicht in geringe Verlegenheit gesetzt.«

Nach einer Weile (am 28. Juli 1816) erhält Klenze einen Brief, »worin mich der Kronprinz wieder lebhaft aufforderte, den Neubau des Prinzen Eugen zu betreiben.« Der Meinungswechsel ist einfach zu erklären. Ludwig plant schon jetzt die Ludwigstraße. Grund und Häuser werden gekauft. Und da er kein Geld zum Fenster rausschmeißt, sieht er es mit Wohlwollen, wenn auch andere bauen. Klenze: »Die Stadtverschönerung vor dem Schwabingerthore liegt dem Kr(on)p(rin)z(e)n so am Herzen, daß er sich zu bedeutenden Geldopfern zur Erreichung dieses Zweckes bereit erklärte.«

Aber das stimmt wieder den Franzosen bedenklich. Er bittet den Architekten, so zu planen, notfalls das Gebäude in ein Hotel umfunktionieren zu können. »Die feindseligen Gesinnungen des Kronprinzen gegen ihn«, so erzählt Eugen, »versprächen weder ihm, aber noch weniger seinen Kindern eine angenehme Zukunft in Bayern.«

Klenze ist deprimiert. »Fürstenzank und Laune«, so schreibt er, »raubte hier wieder, wie gewöhnlich, der Kunst ein Werk, welches sie so verherrlicht hätte.« Endlich am 5. Mai 1817 genehmigt Ludwig den Plan. »Aber ewige Zänkereien hinderten noch immer den Beginn des Baues«, berichtet der Architekt. Als endlich der Grundstein gelegt werden kann, atmet der Memoirenschreiber auf. Er ist nunmehr der Architekt des ersten Hauses der heute weltberühmten Avenue nach Schwabing, des prächtigen Leuchtenberg-Palais (heute Finanzministerium).

Indes gehen die Arbeiten an der Glyptothek weiter. Doch nicht nach den Vorstellungen Klenzes, der plötzlich beauftragt wird, den Königsplatz »statt mit Pflanzungen und niedrigen Privatgebäuden ... mit großen Pallästen zu umgeben«. Warum das? Ludwig antwortet: »Damit der Königsplatz auch der König der Plätze würde.« Kommentar Klenze: »Von dieser Antithesis ward S(eine) K(önigliche) H(oheit) fortan so beherrscht, daß ich nichts dagegen einzuwenden wagte.«

Und so geht es hin und her. Ludwig ändert ständig seine Meinung. Einmal ordnet er dies an, dann wieder das Gegenteil. Klenze: »Ich fange an zu bemerken, daß es schwer ist, einem Fürsten zu dienen, welcher nur eine vague Idee von Perfektibilität der Wirkung und des äußeren Anblicks als Richtschnur hat, statt sich durch feste Grundsätze über Kunst oder festes Vertrauen in einen Künstler leiten zu laßen.« Und er fügt hinzu: »Doch das ist nun einmal das Schicksal der Architekten und der Fluch dieser Kunst, und ich will nicht über mein Geschick klagen, denn dem Kronprinzen ist wenigstens nicht großer Sinn und große Liebe für die Kunst abzusprechen, und somit darf ich nicht verzweifeln, wenn auch mit Kampf und Mühe, dennoch etwas Großes zustande zu bringen.«

Leuchtenberg-Palais (rechts), Klenzes zweiter Münchner Bau, den Ludwig I. ursprünglich verbieten will. Stich des Nürnbergers Franz Hablitschek nach einem Gemälde von Heinrich Adam.

15

Dann nervt der Kronprinz seinen Architekten mit der Walhalla. Er soll in München einen Platz für diesen griechischen Tempel suchen. Klenze: »Ich nannte ihm die Höhe der Theresien-Wiese, oder das Ende des Dorfes Bogenhausen.« Ludwig begeistert sich für den Ort jenseits der Isar. Sofort hat Klenze »Preißberechnungen« anzustellen. Dann hört er nur, er soll sich mit der Glyptothek beeilen, um dann so schnell wie möglich mit dem »Kind meiner Liebe« beginnen zu können. Mit der Walhalla.

Seit längerem im Gespräch ist auch der Bau einer »Apostelkirche« gegenüber der Glyptothek. Sie sollte ursprünglich »einem antiken Tempel so ähnlich als möglich werden«. Jetzt heißt es nach Darstellung des Architekten: »Dieses dürfe dem verschiedenartigen Geiste des Christentums wegen nicht seyn.«

Und noch einen Auftrag bekommt Klenze. Die Erweiterung der Residenz des Vaters am Max-Joseph-Platz! Hauptattraktion dieses Flügels soll »ein Saal mit dem Lied der Nibelungen« werden, mit dessen Ausmalung bereits Cornelius beauftragt wurde. Auch vom Obelisken auf dem Karolinenplatz ist schon die Rede. Klenzes Entwurf wird »mit vielem Beifalle auf- und angenommen«. Aber, so schränkt der Architekt ein, »es zeigte sich bald, daß die nöthigen Geldmittel fehlten«.

Schließlich plant Ludwig schon die (Alte) Pinakothek. Sie soll die Ludwigstraße schmücken. Klenze: »Jedoch entfernte ich den Gedanken, indem ich bewieß, daß mein Entwurf, welchen ich aber dem Kronprinzen erst nur erklärt, aber noch nicht gezeigt hatte, nicht in der Ludwigstraße Platz finden könne, weil die langen Seiten deßelben von Osten nach Westen laufen müßten.«

Jeder Bau, so berichtet Klenze, erinnert Ludwig an eine Liebschaft. Wenn er seinen Kronprinzenbau am Karolinenplatz betritt, denkt er mit Vergnügen an die Sängerin und Schauspielerin Regina Hitzelberger (verheiratete Lang), die ihm vor seiner Eheschließung so manches liebe Gastspiel gab und dafür nebst anderem viele und zweideutige Gedichte empfing.

Nach seiner Hochzeit mit Therese von Sachsen-Hildburghausen 1810 (erstes Oktoberfest) verliebt sich Ludwig hintereinander in eine Salzburger Schauspielerin, in ein echtes Wiener Madl, in eine ungarische Gräfin, Heidelberger Bürgerstochter und eine Münchner Gräfin aus altem italienischen Adel.

Minister Montgelas
und sein Sturz

Der in München geborene Maximilian von Montgelas (1759–1838) ist ohne Zweifel der Schöpfer des modernen Bayern. Er säkularisiert die reichen Klöster, führt die Schulpflicht ein, erstmals in Deutschland den Turnunterricht und erstmals auf der Welt die gesetzliche Pockenschutzimpfung, er setzt erstmals in Deutschland ein Beamtenrecht durch und bringt 1808 eine Verfassung auf den Weg, die sich erstmalig in Europa freiwillig an den Grundsätzen der Französischen Revolution orientiert. An der staatlichen Malschule in München werden erstmals in Deutschland junge Frauen immatrikuliert, in Weihenstephan nimmt die erste deutsche Landwirtschaftsschule ihren Betrieb auf. Mit einem Wort: Montgelas ist der mit Abstand bedeutendste Minister, der je in Bayern regierte.

Doch nach Ansicht Klenzes begeht der allmächtige Minister 1814 zwei entscheidende Fehler. »Daß er aus Eifersucht gegen den Fürsten Wrede den Wiener Congreß gar nicht besuchte, wo man Bayern so sehr hinters Licht führte, da der Fürst Wrede wohl ein tüchtiger Soldat, aber ein sehr schlechter Diplomat war.« Soweit Punkt eins! Tatsächlich reiste der Minister nicht an die blaue Donau, wo Metternich ohne ihn schalten und walten konnte, wie er wollte.

Zum zweiten führt der Memoirenschreiber den Münchner Vertrag von 1816 an: »Ebenso hatte Montgelas in den Verhandlungen über die Abtretung Salzburgs, Tyrols, des Inn und Hausruckviertels die größte Schwäche und diplomatische Indolenz gezeigt und wegen alle diesem sich die Ungnade des Kronprinzen im höchsten Grade zugezogen.« Diese Aussage ist insofern unvollständig, als Bayern dafür die Rheinpfalz erhielt weiter die fuldaischen Ämter Brückenau und Hammelburg, die hessischen Ämter Alzenau, Amorbach, Miltenberg und Heubach und schließlich das böhmische Amt (Markt-)Redwitz.

Ernestine von Montgelas, Ministergattin und Mätresse zugleich, schadet ihrem Mann und haßt den bayerischen Adel. Stich von Carl Ernst Heß nach einem Gemälde von Joseph Hauber.

Da sich Montgelas zusätzlich gerne an französischen Ministern und Mustern orientiert, trommelt Kronprinz Ludwig umso heftiger gegen dieses politische Genie. Den Auslöser zu seinem Sturz erfahren wir nun von Klenze. Nach seiner Darstellung kommt es bei Käufen in Paris zu finanziellen Unregelmäßigkeiten durch Ludwig. Diese moniert der dortige Bayern-Botschafter Picet de Rochemont, »welcher ein Geliebter der Gräfin Montgelas und durch sie auf den Posten nach Paris befördert war« (Klenze). Der Minister hat nun nichts Eiligeres zu tun, als den König Max I. Joseph darüber zu informieren. Nach Klenze kommt es »zu heftigen Erklärungen zwischen Vater und Sohn«.

Der Memoirenschreiber fährt fort: »Es scheint, daß dieses Betragen des G(rafen) Montgelas der Tropfen war, welcher das schon reich gefüllte Maaß des Kronprinzlichen Zornes zum Überfließen brachte.« Und Ludwig fädelt den Sturz raffiniert ein. Er schreibt dem Fürsten Wrede, »welcher mit dem Hofe in Wien war und dem Könige die Erklärung gemacht habe, daß er unmöglich länger einen Minister ertragen könne, welcher so wie Montgelas gegen ihn handle und sich stets feindlich zwischen Vater und Sohn dränge«.

Wir lesen weiter in Klenzes Büchern: »Die liebevollen Ausdrücke und Äußerungen des Briefes verfehlten ihre Wirkung bei dem guten Maximilian nicht, und der Sturz des Ministers ward beschloßen, ohne daß jedoch dieser, welcher grade unpäßlich, sich ganz zurückgezogen hielt, irgend etwas davon erfuhr.«

Am 1. Februar, so berichtet Klenze weiter, »kam der Hof von Wien zurück«. Am darauffolgenden Tag wird nun Klenze um 11.30 Uhr zu Ludwig bestellt. Er trifft König Max »so fröhlich und unbefangen wie immer«. Auch der Kronprinz gibt sich »ungewöhnlich froh und heiter«. Er führt seinen Gast an eine Tischuhr und sagt zu ihm mehrfach: »Warten Sie, warten Sie.« Dann schlägt es die Mittagsstunde. »Mit einem Freudensprung« teilt Ludwig mit: »Klenze, der Minister Montgelas ist …« Dann schweigt er und macht »einen Fußtritt in die Luft« und vollendet seinen Satz: »… fortgejagt, soeben hat der König unterschrieben! Bis 12 Uhr war es ein Staatsgeheimniß.«

Klenze findet diese Aktion weniger gut. Was hat Montgelas alles für den Monarchen getan, »unter deßen Staatsverwaltung er die doppelte Macht erlangt und König geworden war!« Dann der bittere Satz: »Merkt euch das, ihr Fürstendiener!«

Natürlich ruft der Sturz »die gewöhnlichen Folgen hervor, untreue Freunde, Lügen aller Art gegen den Gefallenen, Bonmots, Carricaturen usw.« Klenze weiter: »Diesem Allen setzte der Minister einen ungeheuchelten Gleichmuth entgegen.« Als der Architekt wenige Tage danach die 36jährige Gräfin Ernestine von Montgelas besucht, stellt sie ihren gerade hereintretenden Mann so vor: »Messieurs, violà M' de Choiseuil!« Dazu die Anmerkung: Der französische Minister Choiseuil wurde 1770 auf Betreiben der königlichen Mätresse, der Dubarry, gestürzt. Ein Vergleich also, der ein wenig hinkt. Denn der bayerische Kronprinz Ludwig hatte zwar 1816/17 schon Mätressen – aber solche ohne politische Interessen.

Doch nochmals kurz zurück zur Gräfin Montgelas, einer geborenen Arco. Klenze nennt sie, eine »geistreiche, aber in Allem überreitzte Frau«. Sie mag den bayerischen Adel nicht und teilt das auch Klenze mit. Dieser erinnert sich daran, sich einmal mit ihr in Italien verabredet zu haben. Sie sagte damals: »Ich würde mich freuen, Sie dort zu treffen und hoffe sehr, daß Sie uns dort aufsuchen werden, aber nur unter einer Bedingung.« Natürlich will Klenze diese wissen und erhält die Antwort: »Niemals zu verraten, daß ich dem bayerischen Adel angehöre, denn das hieße, mir einen Sack voll Unrat anhängen, den ich hinter mir herschleppen und dessen Gestank alle vertreiben würde.«

Klenze schließt dann das Kapitel Montgelas mit folgender Bemerkung: »Die letzte Regierungshandlung war die Annahme meines Planes für Verschönerung des Stadtviertels um das Königliche Schloß, welcher nach unendlichen Zögerungen und wie sehr der Kronprinz auch treiben mochte, vom 4. Nov(ember) 1816 bis zum 2. Febr(uar) 1817 liegen blieb, wo er endlich am selben Tag, wo Montgelas abgesetzt ward, angenommen ward.«

Max I. Joseph (im Königsornat) fördert Klenze und entläßt den Grafen Montgelas, den besten Minister, den Bayern je hatte. Gemälde von Joseph Stieler.

19

MIT WITTELSBACH AM TIBERFLUSS

A m 26. Februar 1818 reißte ich nach Rom ab, und der sechste Abend
fand uns vor der porta del Populo«, schreibt Klenze. Ludwig I. hatte
ihn gerufen, um gemeinsam Griechenland zu besuchen. Der Fasching
ist längst vorüber, dennoch trifft der Architekt vier Männer »in Kosa-
kenröcken mit bloßem Halse«. Es sind dies der bayerische Kronprinz
Ludwig, sein bester Freund Seinsheim, Galerie-Inspektor Dillis und
Leibarzt Ringseis. Klenze erschrickt über deren Aufzug nicht schlecht.
Sein Unbehagen liest man in seinen Erinnerungen. Vor allem stört ihn
der Wittelsbacher, der sich wie ein Tölpel benimmt und dem Doktor so
hörig ist.

Unter anderem versucht der Arzt fieberhaft, das deutsche Mittelalter
über die Antike zu erheben. So glaubt eines Tages Ludwig selbst, »daß
der Tempel Salomons ein rein gothischer Bau mit Spitzbögen gewesen
sey, und daß es mithin bewiesen erscheine, daß die gothische Architektur als von Gott selbst dem Erbauer dictirt, die einzige wahre, rechte und
schöne sey.« Ringseis behauptet auch, die Kosakenröcke entsprächen
der altdeutschen Tracht , die man zur Zeit der Gotik getragen habe.

Dies alles sieht Klenze aber noch nicht als das Schlimmste an. »Die
romantische Bande« sei oft betrunken und lasse sich zu Äußerungen
hinreißen, deren man sich schämen müsse. In der Spanischen Weinschänke des Don Raffaele Anglada, der hervorragende Sardellen und
Oliven serviert und gute spanische und portugiesische Weine kredenzt,
tischt Ludwig wahre Märchen auf. Die Bourbonen, so schreit er die
französischen Gäste an, seien genauso schlimm wie Napoleon. Dann
bricht er, »nachdem der Wein schon begann zu wirken, ein lautes Pereat
allen Franzosen« aus. Pereat ist lateinisch und heißt übersetzt soviel wie:
»Er möge zugrunde gehen«. Klenze erzählt, »die Franzosen entfernten
sich ruhig, da sie den Kronprinzen kannten«. Beleidigt wird aber auch
der preußische König Friedrich Wilhelm III., der 1810 seine liebens-
werte Frau Luise verlor. Zu seinem Gesandten in Rom sagt Ludwig laut
und deutlich: »Ihr König ist ein lederner Geselle«. Der norddeutsche
Klenze schüttelt den Kopf.

In Ehren steht dafür bei Ludwig ein getaufter Jude »mit fuchsigen Haaren, Nahmens Wolf«. Dieser von Dr. Ringseis gepriesene Mann spielt sich nach Darstellung Klenzes als eifernder und geifernder Missionar auf, erlebt aber schließlich sein blaues Wunder, als ihn die Polizei als Betrüger entlarvt. »Mit solchen Subjekten umgibt man einen Fürsten«, stöhnt Klenze.

Trotz dieses Vorfalles vertraut Ludwig weiter auf Ringseis, der ihm eines Tages einen ganz schwachsinnigen Plan unterbreitet. Der »Medikaster«, wie ihn Klenze verächtlich nennt, schlägt nämlich vor, alle Protestanten in Rom zum katholischen Glauben zu bekehren. Zu Ringseis, der dafür viel Geld ver-

Johann Nepomuk Ringseis, Arzt und Freund Ludwigs I., will in Rom alle dort lebenden Protestanten zum Katholizismus bekehren und erhält dafür von seinem Herrn auch Geld. Zeichnung von Johann Ramboux, 1817/18 in Rom angefertigt.

langt, sagt Ludwig: »Sie wißen, daß ich viele Ausgaben und keinen Heller unnütz wegzuwerfen habe, aber für diesen Zweck gebe ich gerne, was Sie verlangen.« Ein spektakulärer Anfang erfolgte bereits 1814, als der Berliner Maler Schadow sein Bekenntnis wechselte.

Wie geist- und aussichtslos aber dieses Missionsunternehmen ist, zeigt die Gästeliste Roms 1818. Auf ihr stehen Hunderte von Künstlern aus Preußen und Skandinavien, unter anderen der schwedische Philosoph Atterbom und Caroline von Humboldt. Der prominenteste Fremde ist zweifellos der große Bildhauer Thorwaldsen aus Kopenhagen. Ludwig hofiert ihn und will ihn für München gewinnen.

Tatsächlich nimmt der Däne auch einen Auftrag an – ein Fries, »welches das Leben des Erlösers darstellen sollte«. Der Plastiker aus dem hohen Norden, so teilt uns Klenze mit, »modellirte sogleich eine Abtheilung: die 3 Marien am Grabe, welche dem Kronprinzen sehr wohl gefiel«. Die anderen Begleiter Ludwigs aber protestieren dagegen, »daß eine Bestellung christlicher Gegenstände an Thorwaldsen gegeben ward.« Doch der Wittelsbacher schätzt zeitlebens dessen Kunst und Gunst.

Am wichtigsten ist Ludwig aber, so erzählt Klenze, die Gunst schöner Frauen. Und er erkürt sich einen Kompagnon auf dem täglichen Weg zum Venusberg: Graf Karl Seinsheim. Klenze schreibt über ihn: »Ein guter, ehrlicher, aber verarmter Adlicher von großer Familie, nicht ohne Kenntniße, aber großer Widersacher aller Neuerungen und Bewunderer der Zeiten, wo der Adel noch alles war: mächtig, gewaltsam, reich und willkührlich«. Die Männerfreundschaft zwischen Kronprinz und Graf erklärt auch viele Entscheidungen Ludwigs – bis hin zu seiner Abdankung 1848.

Seinsheim, 1784 geboren und seit 1815 verwitwet, rät dem Wittelsbacher immer wieder, über den vielen Schönheiten aus Carrara-Marmor nicht diejenigen aus Fleisch und Blut zu vergessen. Klenze bezeichnet den Grafen als einen Lebemann, »welcher auch dem Katholizismus sehr zugethan war, weil sich darin besonders die Peccadillen in p(unc)to Sexto leicht abthun laßen«. Das sind für Klenze schwere Sünden, die aber in der katholischen Kirche mit der Beichte vergeben und vergessen sind. So huldigt denn der Graf ständig den liebenswerten Römerinnen. In einem Gedicht spielt Ludwig auf das Wappentier Seinsheims an, das ein Schwein ist, und schildert des »Grafen Leben mit Huren«. Klenzes Kommentar: »Kein feiner Fürstenscherz!«

Natürlich fallen Klenze die »Peccadillen« Ludwigs auf. »Schon gleich im Anfange meines Aufenthalts in Rom«, so schreibt er 1818, »hatte ich erfahren und auch leicht gemerkt, daß eine Herzensangelegenheit den Kronprinzen beschäftigte«. Immer wieder sagt er zu seinem Architekten das Goethe-Wort: »Doch ohne die Liebe wäre die Welt nicht die Welt, wäre dann Rom auch nicht Rom.« Bald erfährt Klenze mehr. Die Geliebte des künftigen Bayernherrschers ist »eine hübsche runde Römerin mit frechen Augen« und heißt Angelina. Klenze fährt fort: »Sie war eine Priesterin d(er) Venus pandemos gewesen«. Von Ludwig »ward sie viel besucht und besungen«. Graf Seinsheim weiß über alles Bescheid – und der zum Katholizismus konvertierte Maler Schadow, der die schöne Sünderin für Ludwig zu malen hat. Das Bild hängt heute in der Neuen Pinakothek von München. Vor der lieben Angelina (Magatti) ein Weinkrug mit Gott Amor als Henkel und daneben eine Orange, das Symbol süßen Zaubers.

Ludwig spricht mit Klenze nicht über seine Amouren, dafür umso ausführlicher über die Architektur. Vieles davon ist abstoßend, so wenn der Kronprinz auf den großen Architekten Karl von Fischer zu sprechen kommt, den Schöpfer des Bayerischen Nationaltheaters. »Aber K(lenze), nicht wahr, das muß doch den Fischer recht ärgern, wenn er Sie vor seinen Augen täglich die Glyptothek bauen sieht.« Der so Angesprochene will das Thema wechseln. Aber Ludwig scheint »bei dem Gedanken so recht mit Vergnügen zu verweilen«.

Klenze weiter: »Fischer wohnte grade am Platze, wo d(ie) Glyptothek gebaut ward – er war die erste architektonische Liebschaft S(einer) K(öniglichen) Hoheit gewesen, hatte ihm treu und mit besten Willen 6–8 Jahre gedient, war jetzt krank und fast sterbend, und hätte in diesem Falle eher wahres Mitleid und Schonung als diese Art von Schadenfreude verdient.« Schließlich der Ausruf: »O Fürsten! Fürsten!«

Angelina Magatti, Ludwigs Mätresse 1818 in Rom. Klenze bezeichnet sie als »eine Priesterin der Venus pandemos«. Schadow malt sie mit der Orange, Zeichen der speziellen Süßspeisen Ludwigs, und einem Weinkrug, dessen Henkel Amor vorstellt.

Am 1. April sollte die Abreise nach Griechenland erfolgen, da trifft eine Depesche von König Max ein, der seinen Sohn bittet, zur Konstitution der neuen Verfassung (1818) nach München zu kommen. Da noch Zeit bis zu diesem Termin ist, besucht man Neapel und die Ausgrabungsstätte Pompeji.

Wieder in Rom erfährt Ludwig von den deutschen Künstlern, sie wollten ihm zum Abschied ein Fest geben. Er sagt zu, und Klenze berichtet: »Die ganze romantische Bande hatte sich in Cosackenröcke gesteckt und empfing so den Kronprinzen am Eingang des Gartens mit lautem Lebehoch.« Man tanzt, singt und soupiert. »Der Kronprinz war sehr vergnügt und aufgeregt, und so erfolgte gegen 3 Uhr Morgens der Aufbruch unter lautem Jubel. Zwey Stunden nachher traten wir die Rückreise nach München an.«

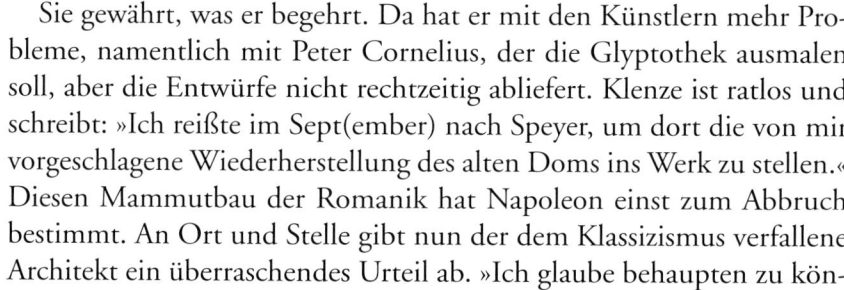

LUFTSCHLÖSSER
DES KRONPRINZEN LUDWIG

Zu Hause schaut Kronprinz Ludwig am Tag seinen Künstlern auf die Finger, des Nachts seinen Freundinnen in die Augen. Klenze: »Den Winter füllte namentlich die leidenschaftliche Liebe deßelben gegen die italienische Sängerin M(ada)me Schiasetti aus, welche wegen ihrer Öffentlichkeit und unbegränzten Leidenschaftlichkeit großes Ärgerniß veranlaßte.«

Sie gewährt, was er begehrt. Da hat er mit den Künstlern mehr Probleme, namentlich mit Peter Cornelius, der die Glyptothek ausmalen soll, aber die Entwürfe nicht rechtzeitig abliefert. Klenze ist ratlos und schreibt: »Ich reißte im Sept(ember) nach Speyer, um dort die von mir vorgeschlagene Wiederherstellung des alten Doms ins Werk zu stellen.« Diesen Mammutbau der Romanik hat Napoleon einst zum Abbruch bestimmt. An Ort und Stelle gibt nun der dem Klassizismus verfallene Architekt ein überraschendes Urteil ab. »Ich glaube behaupten zu können, daß dieser Dom, als klarer und in allen Theilen deutlicher Beleg des Überganges römischer und byzantinischer Kunstform und Praktik im deutschen Lande, einem jeden mir bekannten Monument dieser Art vorzuziehen ist.« Klenze löst damit die Initialzündung zur endgültigen Rettung dieser Kathedrale aus.

Speyer ist damals die Hauptstadt des achten bayerischen Regierungsbezirks Pfalz. Ludwig weilt gerne dort und jedesmal wird ihm weh ums Herz. Die alte Kurpfalz gehört nicht mehr zu Bayern. Klenze: »Oft hatte mir der Kronprinz über seinen Lieblingswunsch, den altbayrischen Theil der Pfalz dießeits des Rheins einst wieder zu erhalten, gesprochen.« Wenn er einmal König von Bayern werde und ihm die Gebietserweiterung gelinge, dann wolle er »in Heidelberg auf dem Schloßberge, und zwar auf der Terraße östlich gegen den Neckar, eine

Adelaide Schiasetti, gebürtige Römerin und gefeierte Opernsängerin in München. Ihr Verhältnis mit Ludwig bezeichnet Klenze als »großes Ärgerniß«. Schattenriß aus La amanta (Napoli).

Villa im italienischen Style durch mich erbauen laßen«. Der Architekt erhält auch den Auftrag, »die Dimensionen dieser Terraße (zu) vermeßen, um jederzeit zum Entwurf-machen bereit zu seyn«.

Und Ludwig spinnt seine abenteuerlichen Vorstellungen weiter. Am 12. April 1819 erhält Klenze von dem Wittelsbacher sogar schriftlich die Anweisung, dem Münchner Hofbibliothekar Scheerer folgendes (in einem chaotischen Deutsch abgefaßt) mitzuteilen: »Wenn er es darf, ohne Jemand etwas davon zu sagen, er die Doubletten der Hofbibliothek doch nicht verkaufen möge, damit dermaleinst wiederum eine Bibliothek in Mannheim zu errichten, der ich, wenn ich das Leben erhalte, wohl Mannheim wieder erhalte.«

Klenze staunt über soviel Luftschlösser des Kronprinzen und meint lakonisch: »Wir wollen sehen!« Er weiß genau, ein laut geäußerter Anspruch auf Heidelberg würde Stürme in der Politik und Familie hervorbringen, von denen sich Ludwig nur schwer erholen könnte. Die Nekkarstadt gehört zu Baden, und aus diesem Reich stammt zudem noch die bayerische Königin Karoline. Ein zauberhafter Scherenschnitt zeigt die Verbundenheit der beiden Familien. Unter den Abgebildeten erkennen wir auch Ludwig, der sich gerade mit einer badischen Prinzessin unterhält.

Unser Memoirenschreiber legt denn auch schnell die Visionen seines Herrn ad acta. Andere Probleme türmen sich auf, wie die Sanierung des Doms von Speyer. Ludwig und sein Architekt planen eine umfassende Ausmalung im Innern und eine Erweiterung außen. Klenze wird aufgefordert, ein Denkmal des in Speyer bestatteten Königs Adolf von Nassau (+ 1298) zu entwerfen. »Vielfach war das Lob«, berichtet der Künstler, »es ward dabei ausgesprochen, wieviel Vergnügungen es dem Kronprinzen machen würde, wenn der Kaiser von Oestreich nach meiner Zeichnung auch Rudolph von Habsburg dort ein Denkmal setzen ließe.« Doch auch das sind Luftschlösser. In Speyer soll Ludwig nur wenig gelingen. Der westliche Vorbau sticht vom Altbau ab, die Ausmalung innen wird großteils wieder abgeschlagen.

In seiner Hauptstadt München beschäftigt hätte Ludwig gerne den in Rom tätigen Dänen Bertel Thorwaldsen. Doch der äußerst beliebte Bildhauer lehnt ab. Selbstbildnis.

25

Zu gerne würde Ludwig wieder in den Besitz Heidelbergs, der Stadt der Ahnen, kommen. Doch es gehört zum Großherzogtum Baden, aus dessen Herrscherhaus die erste bayerische Königin Karoline stammt. Die guten Beziehungen illustriert das Hinterglasbild (1801). Von links: Prinzessin von Baden-Durlach, Ludwig I. (damals Kurprinz von Bayern), dessen Vater Max I. Joseph (damals Kurfürst), seine Frau Karoline, Prinz Maximilian, Prinz Carl von Bayern (Ludwigs Bruder), Charlotte von Bayern (die spätere Kaiserin von Österreich), Karl Ludwig (Karolines Vater), dessen Frau Amalie (Mutter Karolines), Auguste Amalie (Schwester Ludwigs), Amalie von Baden (Zwillingsschwester von Karoline).

Zurück zum Jahr 1819! Ein anderes Problem Ludwigs bahnt sich an. Er will Thorwaldsen, der in Rom wie ein König residiert, in München engagieren. Dieser nahm bereits einen Auftrag für die geplante »Apostelkirche« gegenüber der Glyptothek an. Doch er merkte auch, wie wenig seine Reliefs vom Gefolge des Kronprinzen geschätzt werden. Jetzt 1819 hat Klenze mit Thorwaldsen zu verhandeln. Es geht um eine Plastik, die für die Glyptothek erworben wurde. Der Däne soll »den berühmten Sohn der Niobe restaurieren, was aber dadurch, daß Thorwaldsen später gar nicht nach München kam, vereitelt wurde«. Ebenso will Ludwig die »Gruppe der 3 Grazien« für München gewinnen. »Ich konnte es aber nicht erlangen«, stellt Klenze resigniert fest.

Dabei hätte Thorwaldsen in München einen wirklich herzerfrischenden Auftrag erhalten: Ludwigs Liebchen Schiasetti, der er übrigens die Glyptothek widmet, ist bereit, dem Gast freizügiger als andere Modell zu stehen. Zu gerne hätte Ludwig ihre schöne Büste, die diesen Namen auch verdient. So beauftragt er Joseph Stieler, die Freundin mit der herrlichen Figur und Stimme zu malen.

Sie ist wirklich schön und unkompliziert. Er dagegen das Gegenteil, glaubt man Klenze. Am 23. Dezember 1820 schreibt ihm Ludwig aus Rom: »Von dem Pantheon eben gegangen, kam mir der Gedanke, ob nicht zu dem ohnehin erhaben zu stehen kommenden Rundbau Walhallas nicht gut paßen würde, Säulengänge in der Propyläen Art zu führen.« Im selben Brief schlägt der Wittelsbacher weiter vor, die Innenwände der »Apostelkirche … abwechselnd mit viereckigen und runden Nischen zu verzieren«.

Der letzte Satz lautet: »Nun Gott empfohlen, mein Klenze, Arbeit gebe ich Ihnen, trübe Augenblicke genug, aber auch Ruhm zu verdienen für jetzt und wenn von unserer Hülle nichts mehr bestehen dürfte!«

Der Briefempfänger in seinem Tagebuch: »Ja wahrlich, an trüben Stunden fehlt es nicht, wenn man in dem Fürsten, welchem man dient, solches Schwanken in der Kunst, solches gehalt- und bodenlose Detail-Einmischen in dieselbe bemerkt, welchem jeder Begriff von Poesie, Zweckmäßigkeit im Styl in architektonischen Dingen fehlt und welcher in dieser hohen Kunst nichts mehr als ein Mittel sieht, durch Dekoration im Sinne momentaner Ansichten und Eindrücke das Auge zu kitzeln.« Dann eine so ganz andere Feststellung: »Ob aber für einen Architekten auf diesem Wege die mir verheißene Unsterblichkeit zu erlangen wäre, bleibt wohl sehr zweifelhaft.«

Zu dem Vorschlag, die »Apostelkirche« innen »mit abwechselnd runden und viereckigen Nischen« zu versehen, schreibt er nur, dieser sei »eine Erfindung der verderbten Römerzeiten« und schon deswegen unglücklich, weil die Nischen keine Statuen beleben sollten.

Aber auch damit noch nicht genug. Und so hören wir erstmals von dem Plan, für zeitgenössische Maler ein eigenes Museum zu bauen. Es geht also um die Neue Pinakothek. Klenze: »Diese Jagd nach Nachahmung in Rom gesehener Monumente auf die unpaßendste Weise dauerte aber fort«, schreibt Klenze weiter. »Am 25. Dec(ember) 1820 empfahl mir der Kronprinz die Gestaltung des päbstlichen Pallastes neben San Giovanni in Laterano als Vorbild zu einer neuen Pinakothek, über deren dereinstigen Bau wir schon oft gesprochen hatten.«

Inspiriert wird Ludwig, und das weiß Klenze, während dieses Jahres abermals von Angelina, die ihm Herz und Mieder öffnet. Unser Memoirenschreiber spricht von »Nachwehen der römischen Liebschaft von 1817/18 mit der Madame Magatti pandämischen Andenkens«. Beide schlendern noch Ende 1820 verliebt durch die Ewige Stadt, die ihnen gibt, was sie sich nehmen. Lange soll das Band allerdings nicht mehr halten – und so wird bald »bittere Rache ihre südlichen Rechte« (Klenze) fordern.

DIE JUNGE MARIANNA
UND DIE ALTE PINAKOTHEK

Mitten in Rom begegnen sich im Fasching 1821 auf offener Straße Kronprinz Ludwig und die bezaubernde Marchesa Marianna Florenzi (18). Der 35jährige Bayer versteckt seine Gefühle nicht hinter einer Maske und erklärt seinem Schwarm frank und frei seine Liebe. Überall erzählt er, Roma müsse man rückwärts lesen (Amor), um diese Stadt überhaupt verstehen zu können. Tatsächlich gibt die Herzenskönigin des Kronprinzen schnell auf und nach. Genau neun Monate später gebiert sie einen Knaben, den man auf den Namen Ludovico tauft und um den sich Ludwig ein Leben lang kümmert.

Von dieser Romanze in Roma weiß Klenze nichts, als er mit dem Wittelsbacher im Frühling 1823 nach Perugia und von dort in das nahe Colombella kutschiert. Doch dann fällt es ihm wie Schuppen von den Augen. So ein verliebtes Paar hat er noch nicht erlebt. Er spricht von der »unnennbaren Gewalt der Liebe«. Dann die Feststellung: »Augenscheinlich wuchs aber diese Liebe täglich bis zu einem wahrhaft erschreckenden Grade und absorbirte für den Augenblick jedes andere Gefühl, jeden Pulsschlag und Athemzug.« Er selbst hat nie eine hübschere Frau gesehen. »Ich gestehe«, so schreibt er, »daß ich vor dieser wahrhaft himmlischen Schönheit ganz ergriffen stehen blieb.«

Klenze weiter: »Wir blieben 3 Tage, welche unter Besichtigung aller Kunstwerke der Stadt und unter Festen aller Art hingingen, deren Centralpunkt und Sonne die schöne Marquise und deren einzige Triebfeder die Liebe des Kronprinzen war.« Die Stadt ist das herrliche Perugia, der Herrschaftssitz Colombella mit seinen abgeschlossenen Gärten und Terrassen wie für ein Liebesnest geschaffen. Gesinde und Gefolge bewohnen die umliegenden Dependancen und können so das unverheiratete Paar weder hören noch stören.

Aus Gründen, die der Memoirenschreiber nicht nennt, verabschiedet sich Ludwig von seinem Engel aber bald wieder. In der Kutsche, die nach Rom rollt, klagt und jammert er, und der arme Klenze hat »die erste volle glühende Ladung der Schmerzensgeschoße, von Liebesgluth und Seufzern getrieben, auszuhalten«. Alles, was die großen »Liebeshelden je über ihre Gefühle gedacht und gedichtet haben, ist frostig und trocken gegen das, was ich nun hören mußte«. Kurzum, ein »unversiegbarer Strome erotischer Hyperbeln« dringt auf ihn ein.

Doch man hat den siebten Himmel nur kurz verlassen, denn bald darauf eilt die Geliebte in die Ewigen Stadt und in seine Arme. Endlich nach viel zu langer und banger Zeit des Wartens darf der Wittelsbacher wieder Mariannas Körper spüren und berühren. Er erreicht den »höchsten Grade des Entzückens«, stellt Klenze fast neidisch fest. »Es ist allerdings nicht zu leugnen, daß ein solches Leben in Rom für Jemand, der mit Gefühl, Bildung und offenem Sinn für Schönheit der Natur und Kunst begabt ist, wol das Höchste genannt werden kann, was irdische Genüße darbieten können«.

Im Überschwang seiner Gefühle sagt Ludwig zu Klenze: »Von zwei Sachen würde er nie im Leben laßen, er möge dereinst König sein und als solcher 80 Jahre alt werden. Er würde immer von Zeit zu Zeit nach Rom reisen und nie ohne eine Geliebte sein, welche ihm eine Bedingung des Lebens wäre.«

Der herrliche Sommer und Herbst 1823 endet indes am 1. Dezember. Der Kronprinz und sein Architekt reisen nach Sizilien. Man ist durchwegs gut aufgelegt. »Nur im Süden lebt man, im Norden kämpft man nur gegen Untergang und Tod«, sagt und klagt Ludwig. »Der Tag«, so erzählt Klenze, »theilte sich für den Kronprinzen zwischen Spaziergängen, Besichtigung der Merkwürdigkeiten, Denken und Dichten und Schreiben an die schöne Geliebte in Rom.«

Endlich im Januar 1824 geht es zurück in das von ihm so begehrte und gelobte Dreieck Roma, Amor und Antike. Auf einem Faschingsball will er Marianna wieder »im Glanze der Schönheit sehen«. Genau wie vor drei Jahren! »Dieser Gedanke«, so teilt Klenze mit, »bildete den Mittelpunkt unserer ganzen Reiseunterhaltung, und seine Erfüllung ward in jedes poetische, lyrische und elegische Gewand gekleidet.« Um zwei Uhr früh hat die Kutsche schließlich den Ballsaal erreicht. »Alles war darin erleuchtet!« Dann die große Enttäuschung. »Das Fest war am Vorabend gegeben.« Die Musiker packen gerade ihre Instrumente ein, und Ludwig gerät aus dem Takt. »Ich schildere«, so erklärt Klenze, »den Ausbruch von Jammer nicht, welcher sich nun ergoß«.

Dieses Erlebnis vor Tag und Tau überstrahlen aber bald wieder die römische Sonne und Mariannas Liebesglut. In seiner Glückseligkeit wid-

29

Die Alte Pinakothek, von Klenze 1826 bis 1836 erstellt, birgt eine der kostbarsten Gemäldesammlungen dieser Erde. Lithographie Gustav Kraus.

met Ludwig dem jungen Blut, das wiederholt im roten Kleid der Liebe gemalt wird, die Alte Pinakothek, mit der er noch 1824 beginnen will. Um diesen Prachtbau mit seinen weltweit bedeutenden Gemälden und um die bildhübsche Marianna drehen sich all seine Gedanken, Gespräche und Gefühle.

Aber die Abenteuer bescheren Höllenfeuer, lehrt Ludwigs Religion, und so gibt er ein Gutachten über seinen schlechten Lebenswandel in Auftrag. Konkret bemüht er sich in Rom um einen von seiner Kirche ausgestellten Freifahrtschein in den Venusberg. Hofmarschall Gumppenberg bekommt nämlich den Auftrag, ein Attest einer geistlichen Instanz mit dem Inhalt aufzutreiben: Für den künftigen König des katholischen Bayern gilt das sechste Gebot Gottes nicht. Da erklärt ihm der fassungslose Reisegefährte, schon »die tausendfachen Präliminarien und Zwischenakte vor der allerletzten Handlung ehelicher Vertraulichkeit lägen außerhalb dieser Gränzen ehelicher Treue«.

Darauf Gumppenberg zu Klenze: »Nichts glich dem Jammergeschrei des Kronprinzen bei dieser seiner Äußerung! Es bemeisterte sich seiner eine solche Verzweiflung, daß er, von dem momentanen Eindrucke einer so unumstößlichen Wahrheit ergriffen, nur mit Mühe abgehalten werden konnte, sich von der Höhe des muro storto, dem Eingangsthore der Villa Borghese gegenüber, hinab zu stürzen.« Erst als ihm Gumppenberg sagt, es komme seiner Aussage kein Gewicht zu, »da er ja die Theorien der Katholischen Kirche über Sünde und Nichtsünde nicht genug kenne«, beruhigt sich der Rasende wieder, erklärt aber, »er könne und würde es nicht überleben, wenn gegen seine Gefühle entschieden würde«.

Also macht sich Gumppenberg erneut auf den Weg, und er findet am Ende dieser Komödie einen Jesuiten, der hoch und heilig verkündet und verspricht, »die eheliche Treue sei blos eine Sache des Fleisches«. Dann der entscheidende Satz: »Er würde für den concreten Fall nicht allein ohne Anstand die absolution ertheilen, ohne so genau in die Einzelheiten des Geschehenen oder Nichtgeschehenen einzugehen, sondern halte im Allgemeinen eine Indulgenz (Nachsicht) in dieser Beziehung für schwache Menschen und Weltkinder nöthig.«

Der Überglückliche spielt daraufhin nicht mehr mit seinem Leben, sondern mit seiner Liebsten (Marianna). Und diese erscheint zu jedem Rendezvous immer optimal vorbereitet – geschminkt, sauber und in exakt derjenigen Wäsche und Robe, die der Geliebte wünscht. Als sie einmal bei der Körperpflege »ausgleitend die Porzellanschale des Bidets zerdrückt«, verletzt sie sich. Gottseidank ist Doktor Ringseis sofort zur Stelle. Die Wunden an intimer Stelle heilen auch schnell. »Die Sorge um so wesentliche Theile der Geliebten war bei dem Kronprinzen wahrhaft rührend«, erfährt Klenze.

So verbringt man dennoch und noch herrliche Tage in Colombella, dem idyllischen Adelssitz der Marianna. Dort, wo heute das Liebespaar sogar die Fassade der Kirche des Dorfes unter dem Schloß ziert! Man möchte es nicht glauben, aber Ludwig und Marianna treten uns hier als Heilige Gottes entgegen. Schaut man genauer hin, stellt man schon sehr erheitert fest: Die umbrische Geliebte, die ein Herz an ihre Brust drückt, schielt lockend und lächelnd zu ihrem bayerischen Galan hinüber. Ihr Blick verrät das Wissen um Stand und Stolz. Daneben auffallend der Tympanon-Schmuck in den weiß-blauen Farben Bayerns samt der Königskrone Ludwigs.

Eine schwarzgekleidete Bäuerin von Colombella glaubt, uns auf

Am Ort seines Liebesnestes, in Colombella bei Perugia, läßt Ludwig sich und seine Mätresse Marianna als Heilige an der Fassade abbilden. Die schöne Frau drückt ein Herz an ihre Brust.

31

Unbeschwerte Tage verbringt Ludwig mit Marianna in Italien. Klenze schwärmt von »dieser wahrhaft himmlischen Schönheit«. Heinrich Heß malt sie 1824 in Rom mit dem vorne durchgehend geöffneten Kleid in der Farbe der Liebe.

Grund unseres Münchner Autokennzeichens als königstreue Bayern zu identifizieren, deutet mit einem stolzen Lächeln auf die Heiligen Marianna und Ludovico an der Fassade und sagt, nie sei es dem Ort so gut gegangen wie in jenen vergangenen »giorni dei peccati«.

1825: ENDE UND WENDE

Unter dem ersten bayerischen König Max I. Joseph stellt sich das Land, über das er herrscht, als eine glückliche Insel im allgemeinen Elend dar. Den Monarchen mögen nun wirklich die meisten Menschen zwischen Aschaffenburg und Zugspitze. Sein Umgang mit einfachen Menschen führt zu wahren Legenden, die auch Klenze bestätigt. Sogar Goethe lobt und preist diesen Bürgerfreund auf dem Thron.

So versteht man auch den Magistrat der Königlichen Haupt- und Residenzstadt München. Er will dem ersten Bayernkönig zu seinem 25jährigen Regierungsjubiläum im Jahr 1824 ein Denkmal setzen und teilt dies seinem in Italien weilenden Sohn mit. Dieser hat gerade, wie erwähnt, ein schöneres Anliegen und steckt seinem Architekten den Brief aus der Heimat zu. Und Klenze weiß, wie er selber zugibt, am Tiber nichts anzufangen mit lockenden Verführungen, sondern nur mit trockenen Verfügungen. Doch hören wir ihm zu!

»Ich schlug eine sitzende Statue im Krönungsornat auf einem Untersatze im Styl der antiken Götter Throne vor, welchen symbolische Gestalten Zierde und Bedeutung verleihen sollten. Als Grund für die sit-

Ludwig I. am 29. Februar 1824 mit seinen Begleitern in der Spanischen Weinschänke. Der Mann, der auf den Wirt deutet, ist Ludwig. Rechts von ihm auf der Bank der Bildhauer Thorwaldsen, links von ihm (sitzend) Klenze. Gemälde von Franz Catel (rechts vorn, ohne Hut).

Der Münchner Max-Joseph-Platz mit dem Königsbau der Residenz, von Klenze im Jahr1826 begonnen, und dem Denkmal für Max I. Joseph, der nach langen Diskussionen doch sitzend dargestellt wird. Unsignierter Stahlstich.

zende Stellung führte ich an, daß der König als Nicht-Feldherr auch am besten in der Stellung dargestellt werden möchte, welche die Alten ihren Obergöttern und namentlich dem Zeus gaben und daß Ruhe so sehr dem Begriffe der gesetzlichen, sich ihrer Macht und Würde bewußten Herrschaft sich anschließe, daß man auch im Teutschen sehr bezeichnend zu einem König stets sage: geruhen Majestät, dieses oder Jenes zu thun oder zu befehlen.« Welch tiefgründige Argumentation!

Kurz darauf feiert Klenze in der Spanischen Weinschänke des Don Raffaele Anglada seinen 40. Geburtstag. »Es ward den guten spanischen Weinen gehörig zugesetzt, gesungen und gelacht und zur Verewigung des Ganzen Catel aufgefordert, ein Bild von diesem fröhlichen Kreise zu malen, welcher unter Vorsitze eines Königssohnes und dereinstigen Königs sich in einer Campone belustigte.«

Franz Catel, 1778 in Berlin geboren, der schon lange in Rom arbeitet, malt die Fete (heute München, Neue Pinakothek) mit dem Gefolge des Kronprinzen. Darunter auch Thorwaldsen. Skeptisch blickt das Geburtstagskind den Wirt an und dem Treiben zu. Das Bild ist datiert: 29. Februar 1824. Ein Blick aus dem Gasthaus zeigt uns einen herrlichen und sonnigen Frühling in der Ewigen Stadt.

Exakt in diesen Tagen geht es auch um das Münchner Denkmal des Bayernkönigs. Klenzes Gründe, Max I. Joseph sitzend darzustellen, »überzeugten den Kronprinzen vollkommen, und ich bearbeitete danach eine Skizze, welche ich mit mir nach München nehmen und dort dem Könige und dem Magistrate zur Annahme vorlegen sollte«.

Am 5. März tritt Klenze die Heimreise an, »nachdem der Kronprinz um 5 Uhr Morgens mich aufgesucht hatte, um Abschied zu nehmen und mich besonders und wiederholt aufforderte, in München namentlich der Kronprinzeßin so über ihn zu sprechen, daß die Harmlosigkeit seines Thuns und Lassens ins helle Licht gestellt würde.« Er verspricht und schreibt weiter: »Das herrlichste Wetter begleitete mich auf dieser schnellen Farth, aber mit welchem Schrecken sah ich mich am Morgen,

dießeits Innsbruck den Wagen öff-
nend, von tiefem Schnee umgeben,
als ich in der Nacht den Brenner
paßirt war.«

Zu Hause in München spricht
dann Klenze mit dem König über
das geplante Denkmal. Er schreibt:
»Gegen die sitzende Stellung erklärte er sich entschieden mit der hu-
moristischen Äußerung, er wolle
nicht auf dem Cacatojo sitzend dargestellt werden«. Das heißt nach
Klenze auf Deutsch: Nicht auf dem »Nachtstuhle«.

Palast des Herzogs Max in Bayern, von Klenze 1828 begon-nen. Geburtshaus der Kaiserin Elisabeth (Sissi). Stich Alois Kurz.

Klenze weiter: »Ich mußte also den Entwurf dahin abändern, daß ich
ihn stehend, die eine Hand segnend ausgestreckt, die andere auf das
Herz gedrückt, darstelle und erhielt nun den Auftrag, diesen Entwurf
als vom Könige genehmiget dem Magistrate zur Ausführung zu übergeben, was auch geschah.«

Während es in München um den Sitzstuhl des Herrschers geht, hört
man aus Italien viel über das Liegebett des Kronprinzen. Wer diese in-
timen Informationen liefert, teilt uns Klenze nicht mit. Doch Ludwig
fielen und fallen ja stets Ausreden ein. Wenn er am 25. Mai seinem Vater
zu dessen Geburtstag gratuliert, so glaubt er, werde er alles wieder ins
Lot bringen. Tatsächlich trifft er rechtzeitig in Tegernsee ein. Eltern und
Frau werden umarmt, und schon geht es wieder um die Kunst. Mit dieser gut zu stehen, ist ja keine Sünde. Am 6. Juni 1824 reist Ludwig nach
München, trifft dort Klenze, und schon kutschiert er weiter – nach
Würzburg.

Aus Franken erhält Klenze so manche Post, die ihn ärgert. So liest er
Anfang November in einem Brief Ludwigs: »Wie viel Schönes Ihr Resi-
denzentwurf für den Max-Joseph Platz auch hat, werde ich dennoch,
obwohl vielleicht durch mich selbst veranlaßt, deßen faciade nicht ausführen laßen, unten im toskanischen, höher im römischen Styl. Ich
wünsche, daß Sie mir mit Beibehaltung der Fensterzahl und aller Verhältniße mir in günstigen Stunden in dem Styl des ersten Stockwerks
auch die höheren zeichnend machen möchten.«

Klenze meint, er wäre nicht verlegen geworden, »da mein Entwurf

35

keine Spur von toskanischem Style hatte«. Im Gegenteil. Er erklärt dem Kronprinzen, »daß dieser florentinische Republik-Styl, so charakteristisch und schön er auch an und für sich ist, dennoch durchaus nicht für unser Klima paßt, ohne Modificationen unterworfen zu werden«.

Dann kommt das Jahr 1825 und Kronprinz Ludwig nach München. Klenze: »Es begann nun wieder das rege Kunstleben und Reden, wie es das lebhafte Gemüth des Fürsten mit sich brachte. Vielfach wurde über den Platz der Pinakothek, die Apostelkirche, das auf dem Königsplatz zu erbauende Stadt-Thor und besonders über den neuen Schloßflügel gesprochen, ohne daß ich hätte meine Überzeugung, daß ein durch das edle Vorbild griechischer Denkmale gereinigter römischer Palast-Styl dasjenige gewesen wäre, was hier am besten gepaßt hätte, geltend machen können.«

Wir lesen weiter: »Rücksichtlich der Pinakothek war, da der König definitiv entschieden hatte, der Grundstein solle am 27. Mai 1825 gelegt und der Bau begonnen werden, Beruhigung bei dem Kronprinzen eingetreten. Aber an diesem Tage war das Finanzbudget durch die Ständeversammlung noch nicht votirt und als dieses endlich geschah, war die Jahreszeit schon zu weit vorgerückt, um den Bau noch beginnen zu können.«

Von der Alten Pinakothek, deren Grundstein noch seiner Dinge harrt, zu der jungen Marianna, die nicht so geduldig ist! Klenze: »Die Liebe zur Marchesa Florenzi dauerte stets mit gleichem Feuer fort, und ich mußte oft Ausbrüche derselben, jedoch mit der Versicherung ihrer rein platonischen Natur, hören, welche wol Jedem, welcher den Kronprinzen in Beziehung auf Enthaltsamkeit kennt, einigen Verdacht erregen könnte, an welcher aber ich, wenigstens von dem Ende des Aufenthalts in Rom 1823/24 an keinen Zweifel habe; jedoch ist hier stets nur von den Gränzen ehelicher Treue und Enthaltsamkeit die Rede, wie sie sich der Kronprinz denkt und welche bis zum äußersten Gränzpunkte vorgerückt erscheinen.«

Dieser ist nunmehr seinem Vater beschieden. Klenze schreibt: »Doch es nahte eine Katastrophe heran, welche in jedem Falle einen großen und bedeutenden Abschnitt in Bayerns Geschichte bilden wird, welche für die Finanzen dieses Landes, für seine religiösen Beziehungen und Kunstentwicklung entscheidend sein wird, wenn Gott dem Kronprinzen eine längere Regierung gewährt. Ich meine den Todt des Königs

Max, deßen Regierung für Bayern so einflußreich war und die Fackel der Civilisation, des wohlwollenden Liberalismus und der Gesittung zuerst über diesen, sonst so finstern und obscuren Pfaffenwinkel emporhob, von welchem Schiller so richtig sang: Eile Bayern dann zu, wo es am Salze gebricht!«

Unverzüglich wird jetzt, da Ludwig auf dem Throne sitzt, mit dem Königsbau begonnen, der natürlich auch an eine Liebschaft erinnert. An die Opernsängerin Katharina Vespermann (21), die als strahlende »Königin der Nacht« (in der *Zauberflöte* Mozarts) dem König und der Tageszeit (beziehungsweise der Nacht) so perfekt entspricht. Klenze nennt diese zarte und zärtliche Geliebte, »welche bewundert, gemalt, vielfach besungen ward«, einfach »eine Hure«. In der Tat sind der Monarch und die »Königin der Nacht« nie müde und prüde, wenn die Sonne sinkt und Venus winkt. Und diese Himmlische soll nach dem derzeitigen Planungsstand mit ihren lockenden Versuchungen und Versprechungen die Innendekoration einiger Säle des Königsbaus bestimmen.

Nach dem derzeitigen (!) Planungsstand. Das ständige Wechseln der Ansichten ist einem seiner Verwandten gänzlich fremd: Herzog Max in Bayern. Für ihn und seine Frau Ludovica, eine Halbschwester Ludwigs, baut er das Herzog-Max-Palais an der neuen Ludwigstraße. Ein Prachtgebäude mit einer verschwenderischen Innenausstattung. Es ist das Geburtshaus der nachmaligen Kaiserin Elisabeth (Sissi), die hier schon als kleines Mädchen erfährt, mit welchen Waffen die schöne Göttin Venus die Frauen auf Erden ausgestattet hat.

Katharina Vespermann, auf der Bühne die »Königin der Nacht« (Zauberflöte), im königlichen Serail »eine Hure«, wie sich Klenze ausdrückt. Bildnis eines unbekannten Meisters.

Mars und Venus in der Residenz

1830 reisen Klenze und Ludwig abermals nach Neapel und von dort zu den Ausgrabungsstätten am Fuße des Vesuv. Intensiver kann man die Antike nicht studieren als hier. Der Erde werden Bilder entrissen, die sofort gezeichnet, gestochen und dann gedruckt werden und schließlich um die Erde gehen.

Der sonst so verklemmte und gehemmte Klenze schaut sich in Pompeji und Herculaneum intensiv die nackten Göttinnen und Grazien, die frechen Nereiden und Nymphen an. Soviel Haut und Haar hat er noch nicht gesehen. Götter kannten keine Scham, schon gar nicht die Venus, die oftmals nicht einmal eine Haarschleife duldete.

Zu Hause legt er dann dem König Skizzen vor, die heute noch erhalten und hinreißend schön sind. Dennoch, die letzte Hemmung kann er nicht abstreifen. Und dann ist immer noch die Frage, was sein Auftraggeber dazu sagt. Denn neuerdings schaut der Wittelsbacher seinen Künstlern noch kritischer über die Schultern. Er ist skeptisch geworden und fürchtet die Ausbreitung der Julirevolution, die 1830 Europa erschütterte. Im pfalzbayerischen Hambach begehrt 1832 die studierende Jugend auf, in Gaibach (Unterfranken) kommt es zu Ausschreitungen gegen König und Krone.

»Namentlich sind es die heftigen Verfolgungen«, so berichtet Klenze, »welche seit dem Jahre 1830, wo der König plötzlich vom Liberalismus zum strengsten Monarchismus überging, gegen alle auch nur entfernt liberal gesinnten Menschen eintrat.«

Dann Klenzes politisches Bekenntnis: »Die unglaubliche Störrigkeit, mit welcher der König ohne Rücksicht auf Bedürfniß, allgemeine Nationalwünsche und wahre Staatsökonomie stets nur nach Verminderung der Ausgaben, und unbedingt gegen jede Vermehrung irgendeiner Ausgabs-Position sich sträubt, führt die größten Übel herbei.«

Die Konsequenzen: »Die Finanzwirthschaft ist in höchstem Grade verknöchert, während die Kaßen von unfruchtbar gemachtem Metall strotzen, vermindert sich das Staatseigenthum in steigendem Grade, weil nichts für seine Erhaltung geschieht. Die Straßen, Flüße, Brücken,

Gebäude verfallen täglich mehr, alle öffentlichen Anstalten kämpfen mit dem dringendsten Bedürfniße und Geldmangel, die Unterrichtsanstalten sind jämmerlich.«

Schließlich die kühne Behauptung: »Alles ist unzufrieden, und es kann nur aus der hohen Nationalredlichkeit erklärt werden, daß die Beamten und Staatsdiener – doch was sage ich: königlichen Diener muß es auf allerhöchsten Befehl heißen – noch nicht zur allgemeinen Bestechlichkeit und Räuberei geführt worden sind, welche z(um) B(eispiel) in Rußland und Frankreich herrscht.«

Die Monarchie ist also bedroht – und das nicht nur in Bayern. So schreibt Leo Klenze am 9. Mai 1833, der Graf Tascher sei »nach 6wöchentl(ichem) Aufenthalte aus der Schweiz zurück und hatte dort in Arnenberg bei der Herzogin v(on) Leu in bonapartistischen Intriquen gearbeitet«. Er, Tascher, persönlich glaube, »daß eine Revolution in Frankreich und Deutschland unvermeidlich sei«. Dazu zwei Anmerkungen. Mit Arnenberg ist Arenenberg gemeint, mit der Herzogin die Mutter des künftigen Franzosenkaisers Napoleon III. In Frankreich selbst, so hört Klenze, strebe man »eine wahre Volkswahl« an.

Die Zeichen deuten also auf Krieg. Und so steht unverhofft Mars neben Venus, die nun in aktueller Situation den Servicesaal im Königsbau zieren soll. Ungeachtet der politischen Großwetterlage unterbreitet Klenze dem König seine Skizzen. Das erste Bild zeigt uns die Geburt der Göttin bei Zypern. Sie steht in ihrer Schönheit auf einer Muschel, zu deren beiden Seiten sich nackte Tritonen und Nereiden tummeln. Ihren Kopf flankieren zwei Putti, von denen einer einen Spiegel hält, der andere Vase und Schale. Bekleidet ist die Göttin vom Oberschenkelansatz abwärts mit einem losen Kleid. All diese Bilder sind von Ludwig nach Darstellung Klenzes »schon so oft besprochen, genehmiget, theilweise gesehen und gelobt worden«. Dann vor der Umsetzung Blitz und Donner des Allgewaltigen. »Plötzlich entstanden, obwohl das Ganze im höchsten Grade keusch behandelt war, fast ohne die Augen darauf zu werfen, die größten Skrupel«, schreibt Klenze mehr mit Tränen als Tinte.

Auch Ludwig Schwanthaler legt in dieser Zeit für den Königsbau einen Venus-Zyklus vor – für ein Fries. Klenze begutachtet ihn und schreibt lapidar: »Welcher sehr schön gefunden und genehmigt ward.« Wir erfahren also nichts von Problemen. Vielleicht wird er aber auch einfach nicht informiert.

Geburt der Venus für den Königsbau der Münchner Residenz. Klenze ist nicht nur ein ausgezeichneter Architekt, sondern auch ein erfahrener Maler und Zeichner. Er kennt die Mythologie der Antike bestens. Seine Münchner Innendekorationen gehen im Zweiten Weltkrieg verloren.

Selbstverständlich ist dieses olympische Sujet Tagesgespräch der Künstler und Handwerker, Bürger und Barone. In fast allen Häusern der Ludwigstraße lebt plötzlich die farbige Götterwelt Homers mit ihren schönen und obszönen Geschichten auf. Ariadne und Amor, Bacchus und Hebe, Nymphen und Tritonen, Mänaden und Meereswesen zieren die Wände und Decken in prächtiger Umgebung. Die himmlischen Wesen sparen nicht mit ihren Attributen, wohl aber an Kleidern. Leider gehen die Fresken fast alle in den Bombennächten des Zweiten Weltkrieges zugrunde.

Eigentlich wollte sich Ludwig 1833 abermals in Italien aufhalten. Welches emotionale oder politische Anliegen ihn bewegt, wissen wir nicht. Doch da hört er nach Auskunft Klenzes, eine der begehrtesten Frauen sei auf dem Weg nach München: Lady Ellenborough (26), Tochter des englischen Seehelden Henry Digby. Der Architekt hat sie schon gesehen und hält sie allen Ernstes für eine »gleichsam den Fluthen des Meeres wie Aphrodite Anadynome (= Venus aus dem Meer) entstiegene Schönheit«. Aber auch die gleichaltrige Luise von Härtling, eine Liebschaft des Vorjahres auf Ischia, hat sich angesagt. Klenze: »Wenige Augenblicke nachher war der höheren Politik und dem Völkerwohl das bis dahin verweigerte Opfer der so nöthigen italienischen Reise gebracht! Und zwar mit einer solchen Resignation, daß sich jedermann über diese völlige Abnegation des Monarchen erstaunte.«

Zu guter Letzt erfährt der König, die Ellenborough komme eventuell doch nicht. So setzt er sich über die Alpen und Bedenken seiner Gattin Therese hinweg. Indes wird in München der Obelisk am Karolinenplatz fertig, dessen Enthüllung auf den 18. Oktober 1833 anberaumt ist. Er sollte an die 30 000 Bayern erinnern, die Napoleon 1812 auf dessen Marsch nach Moskau begleiteten und umkamen. Klenze: »Gleich nach der Feierlichkeit schickte S(eine) M(ajestät) zu mir und lies mir sagen, er könne mich erst am 19. Morgens sehen, wolle jedoch nicht so lange säumen, mich wißen zu laßen, wie entzückt er über die Schönheit dieses Denkmals sei. Dieselben und noch weit mehr Lobsprüche hörte ich am folgenden Morgen.«

Die Aufträge gehen nicht aus. Der König will auf der Theresienhöhe von München eine Ruhmeshalle errichten und sagt zu seinem Architekten, sie soll ein »blos der Belohnung bayerischen Verdienstes gewidmetes Gebäude, eine bayerische Ruhmeshalle« werden. Klenze weiter: »Ich mußte nun den Ankauf des nöthigen Platzes besorgen, welcher bepflanzt ward.« Von einem Entwurf ist noch nicht die Rede, nur vom Namen. Und so schreibt der Architekt: »Mein Vorschlag, das schlechte schwerfällige und etwas hochtrabende Wort Ruhmeshalle in Gedächtnißhalle umzuwandeln, ward nicht angenommen: dem Ruhme und nicht dem bloßen Andenken sollten Bilder und Statuen errichtet werden.«

Schließlich noch eine Kontroverse, die Klenze sehr nahe geht und Ludwigs politisches Denken zeigt. Er will die Prinzipien des Ancien régime nicht nur durchsetzen, sondern auch in der Kunst sichtbar verankern. Doch hören wir Klenze zu. Nach seiner Auskunft hat Ludwig im Mai 1833 »die Zeichnungen zu d(en) Thronhimmeln in den 2 Thronsälen d(es) Königsbaues sehr oft gesehen, gelobt und angenommen«, da erklärt er plötzlich: »Diese Thronhimmel müßten wie die alten in d(en) jetzigen Zimmern sein.« Darauf der Architekt, die alte Art passe der Form nach in die Zeiten Ludwigs XIV. und XV. »Aber d(er) K(önig) entgegnete mir, daß dieses die Form d(er) Etiquette und mithin unumgänglich nöthig sei, daß er nichts abändern dürfe, was seine Ahnen in dieser Hinsicht gebraucht und man aus solchen Sachen erkennen müßte, daß wir Wittelsbacher nicht von heute oder von gestern sind.« Der Schock auf soviel Disharmonie (hier Klassizismus, dort Barock) sitzt tief und Klenze schreibt: »Alle meine Einreden waren vergeblich, und da wird mir etwas Schönes verdorben werden.«

Wenige Tage später wieder eitel Sonnenschein. Der Architekt erhält eine Papierrolle. Darin eine Feder aus dem Schloßflügel. Die Aufschrift lautet: »Feder, womit ich soeben Klenzes Adelsdiplom unterzeichnete. Ludwig.«

Am 18. Oktober 1833 enthüllt: Klenzes Obelisk am Münchner Karolinenplatz, ein Mahnmal für die 30 000 Bayern (darunter sehr viele aus dem damals zum Königreich Bayern gehörenden Tirol), die 1812 am Rußlandfeldzug Napoleons umkamen. Unsignierter Stich.

41

Tempel, Kirche und Kanal

Walhall(a), das ist nach der germanischen Sage der Ort, in den Wodan (Odin) die im Kampf gefallenen Helden ruft. Eine Stätte, in der sich die Inwohner an schönen Mädchen, köstlichem Met und Mahl berauschen. In der Walhalla Ludwigs I. fehlt es an solchem Luxus. Sie soll auch nur die Büsten und Bilder berühmter Deutscher aufnehmen – und Frauen bleibt der Tempel gewöhnlich versperrt. Nur Maria Theresia, Katharina II. von Rußland und Amalia von Hessen werden den Sprung in die bayerische Unsterblichkeit schaffen.

Ludwig spricht schon 1815 mit Klenze über sein Lieblingsprojekt. Ein »teutsches Pantheon« in Gestalt des »mittleren Tempels von Pästum« sollte es zunächst werden. Doch bald begeistert sich Ludwig für »ein Rundgebäude«. Also hat Klenze, der »als eine unumstößliche Bedingung den altdorischen Styl wählen muß«, wieder umzuzeichnen.

Kaum ist die neue Skizze fertig, erhält der Architekt einen Brief, in dem steht: »Die Säulen in der Runde herum will ich nicht.« Ludwigs neuer Vorschlag: »Ein Mixtum compositum der atheniensischen Propyläen, des römischen Pantheon und des Grabmals Hadrians« (= Engelsburg). Dann empfiehlt er im Innern einen ovalen Raum (»Eyrunde«) und ein Gemach für die Büsten noch lebender Größen (»Halle der Erwartung«). Eine weitere Instruktionen lautet: »Von Holz darf nichts in Walhalla kommen, gewölbet muß deßen Decke werden.«

Bei soviel Anweisungen zeichnet sich im Haus des Architekten eine Krise ab. Es scheint, er hat mehr den Brieföffner in den Händen als den Zirkel. »Dieses Schwanken«, so schimpft er, »dieses Jagen nach Effekten, dieser unglaubliche Mangel an architektonischen und klaßischen Begriffen, brachte mich außer mir.«

Auch über den Standort kann man sich lange nicht einigen. Da hört Klenze nach zahllosen Erörterungen, die Umgebung von Regensburg sei ideal für so einen Prachtbau. Plötzlich lautet die Alternative Donaustauf oder Winzer. Dorthin wird Klenze 1824 auch geschickt. Verärgert schreibt er: »Weil der Kronprinz abschlug, meine Reisekosten dahin zu vergüten, was mich nicht der wenigen Gulden, sondern der Sache wegen so verdroß, daß ich gar nicht hinging.«

Schließlich einigt man sich nach vielen Diskussionen. Am 18. Oktober 1830, also am 17. Jahrestag der Leipziger Völkerschlacht, wird der Grundstein gelegt. Klenzes Arbeitspensum ist bewundernswert. Dieser Tempel, so frohlockt er einmal, wird »das bedeutendste und entscheidenste Bauwerk, welches die Kunstära König Ludwigs I. aufzuweisen hat«.

Bis zur Vollendung des Marmortempels hat der Architekt aber noch einen steinigen Weg zurückzulegen. Am 21. Mai 1833 schreibt er: »Die Ausschmückung d(er) Walhalla kam heute, nachdem sie nun 3 Jahre lang angenommen, gelobt und gepriesen worden war, wieder aufs Tapet, und eine wesentliche Verzierung, bronzene Schilder (ganz nach Art der antiken Tempel), worauf d(ie) Nahmen derjenigen, wovon kein Bild aufzufinden war, eingegraben, ward mir, da die glatte Mauerfläche dadurch unterbrochen würde, bestritten und verboten! An ihre Stelle sollen blos Buchstaben auf d(ie) Mauer kommen. Alle Gruppierung wird nun zerrißen, die Maßen zerstört, aber – die Mauer wird glatt, und das ist, was des Augenblicks Lieblingsidee will, und somit wird nichts Anderes gehört und gesehen.«

Schon sehr resignativ, aber Klenze ist voller Zuversicht und schreibt: »Hoffentlich wird es mir, wenn diese glatte Mauerperiode vorüber sein wird, gelingen, Vernunft und dem guten Geschmack wieder Gehör zu verschaffen. Aber welch ein Loos ist das, stets den ungleichen Kampf mit Zirkel, Meißel und Pinsel gegen den Scepterbewaffneten bestehen zu müssen.«

Drei Monate später fordert Ludwig eine erneute Änderung des Planes. Er bekommt wegen der von ihm selbst geforderten »Halle der Erwartung politische Skrupel«. Sie war gedacht für lebende Personen, die nach ihrem Ableben einmal den Hauptraum besetzen sollen. »Es würde ein Aufstellen darin«, so zitiert Klenze den König, »gewißermaßen schon bei Lebzeiten eine gewisse Anwartschaft auf die Ehre des Pantheons und somit vielfachen Vorschmach geben. Diese Halle solle also aus d(em) Entwurfe entfernt werden.«

Was soll Klenze tun? Er redet und rettet »den ganzen Entwurf einstweilen noch dadurch, daß ich angab, die ganzen Marmorarbeiten dazu seien vollendet und man könne sie ja als bloßes Vestibulum vor dem

Eingange in den Tempel durch die Latominen betrachten, ohne ihr den ursprünglichen Nahmen und Zweck zu laßen – so entging ich und die Walhalla nochmals drohender Gefahr.«

Doch eine andere Diskussion ist immer noch nicht ausgestanden. Jetzt wirft nämlich die Auswahl der Büsten Probleme auf. Anfangs will Ludwig das Abbild Luthers nicht im neuen Götterhimmel haben. Klenze kann ihn aber umstimmen. »Ich suchte ihm«, so berichtet er, »so viel ich konnte, begreiflich zu machen, daß ein Denkmal teutschen Ruhmes, wenn daßelbe, wie es doch das höchste Betreiben war, Anerkennung in Teutschland finden sollte, das Bild eines Mannes nicht entbehren dürfe, welchen mehr als die Hälfte der Teutschen als einen gleichsam von Gott gesandten Religionslehrer anerkennt.«

Ludwig ist das offensichtlich alles zuviel. Welche Freude bereiten dagegen Plan und Bau eines neuen katholischen Gotteshauses. Der Arbeitstitel war einmal »Apostelkirche«, dann »Evangelistenkirche« und schließlich soll Sankt Bonifaz daraus werden. Klenze schreibt am 1. Oktober 1833: »Der König hatte den Bau einer Kirche im Style der italienischen Basilicken dem Architekten Ziebland übertragen und dazu einen höchst unglücklichen Platz an einer Ecke hinter der Glyptothek gewählt.« Natürlich ärgert Klenze, den Auftrag nicht erhalten zu haben. In der Sache verbirgt er aber seine Meinung gegenüber dem Monarchen nicht: »Ich machte ihn in einem Brief darauf aufmerksam und schlug den Platz gegenüber der Hauptfacade d(er) Pinakothek vor – der König schlug dieses ab.« Was soll er machen? Der Ober sticht den Unter.

Heftig diskutiert wird von Klenze und Ludwig der Bau einer Apostelkirche in der Nähe der Glyptothek. Das Gotteshaus erhält schließlich als Patron den heiligen Bonifatius. Den Auftrag erhält aber nicht Klenze, sondern der Regensburger Ziebland, ein Protestant. Stahlstich von Johann Poppel.

Dann kommt Klenzes große fränkische Periode, die Bayern zum Ruhme reicht. 1833 betreibt er »die Wiederherstellung der Burg von Nürnberg als Absteige=Quartier des Königs, welche derselbe auch im Monath August bewohnte und sich sehr zufrieden darüber bezeugte«. Weiter verrät er uns: »Ebenso ordnete ich die Anlage zweier Straßen über die hohe Rhön, die eine nach Fulda, die andere nach Sachsen ausmündend« an.

Hauptwerk jener Zeit ist aber »der Canal zwischen Donau und Mayn«. Ludwigs Befehl an seinen obersten Baumeister lautet, ein Gesetz mit der Maßgabe ausarbeiten zu lassen, »daß die zur Ausführung nöthige Summe von $8\frac{1}{2}$ Millionen Gulden durch eine Aktiengesellschaft zusammengeschoßen würde, welcher man 4% Zinsen und die Hälfte der Dividende der eventuellen Kanalerträgniße garantire«. Da der König politischen Widerstand spürt, wird der Vorschlag gemacht, eine Aktiengesellschaft zu gründen, »welcher der Staat mit $\frac{1}{4}$ des ganzen beitreten« werde.

»Es solle und dürfe hier«, so belehrt der König seinen Architekten, »kein englisches, kein amerikanisches Speculations-Werk, blos auf den finanziellen und komerziellen Nutzen berechnet, sondern es solle ein seiner Regierung und Zeit würdiges großartiges Römerwerk ausgeführt werden und er bedaure hiebei wieder herzlich, daß er in dieser Hinsicht nicht freier Herr sei, wo er dann sogleich ohne Stände, Aktionärs und Minister zu fragen, das Ganze aus Staatsmitteln nach Seinem Sinne ausführen würde.«

Während Ludwig dem Kanal keine Schranken setzt, hält er den Zug für überflüssig. Klenze: »Es war das Projekt aufgetaucht, eine Eisenbahn von Nürnberg nach Leipzig zu erbauen, und die sächsischen Häuser hatten den Wunsch eines gemeinschaftlichen Beschlußes mit Bayern über dieses Unternehmen geäußert, welchen eine Zusammenkunft von Commissairen aller betheiligten Staaten in Bamberg herbeiführen sollte.« König und Ministerium bestellen nun Klenze zum bayerischen Bevollmächtigten. Doch Ludwig zögert, gibt dem Architekten keine Reiserlaubnis und schließlich das rote Signal. Die Weichen für die bahnbrechende Idee werden folglich in Nürnberg und Fürth gestellt. Zwischen beiden Städten verkehrt 1835 dann auch die erste deutsche Eisenbahn.

Maßgeblich beteiligt am Bau des Ludwigskanals ist Klenze. Die Idee, Donau und Main zu verbinden, hatte schon Karl der Große. Die Inschrift des Denkmals in Erlangen (dicht an der Autobahn) verrät, daß das Projekt 1846 fertig gestellt wird. Stich eines unbekannten Meisters.

45

GRIECHISCHER WEIN ODER DIE AUSLESE

Obwohl das Verhältnis König-Klenze nie spannungsfrei ist, verbinden beide aber auch vertrauensvolle Begegnungen. Das zeigt sich insbesondere 1834. Ludwigs Sohn Otto (19), seit kurzem König von Griechenland, gerät zum hoffnungslosen Spielball seiner Minister und Berater. Zunächst meint Ludwig noch, »es seien nichts als Weibergeschichten«. Doch als »eine Versöhnung der Parteien nicht mehr zu bewirken« ist, sei er »also entschloßen, einen Spezial- oder Hof Commissair nach Griechenland zu schicken und eine neue Ordnung der Dinge in der Regentschaft anzuordnen, und dieser Kommißär wäre ich«.

Frohgemut macht sich alsbald der Sondergesandte mit seinem Sohn Hippolyt (20) auf den weiten Weg nach Südosten. In Korfu betritt er »homerischen Boden«. Und er schwärmt: »Ich kann nicht sagen, mit welch erhabenem Gefühle!« Dann bewundert er erstmals Athen, das einen überwältigenden Eindruck auf ihn macht. Er zeichnet viel, was seine reiche Phantasie noch mehr beflügelt. Vor allem die Akropolis fasziniert ihn. Ihr Bild ziert noch heute das von ihm und seinem Büro ausgestattete Schloß Ismaning.

Die Akropolis von Athen hinter den Resten des Tempels zum olympischen Zeus nach einer Lithographie des Zürchers Friedrich Schultheß. Unser Bild stammt aus dem Büro Klenzes und ist im Kaisersaal des Schlosses Ismaning zu bestaunen.

Griechenkönig Otto, Sohn Ludwigs, nimmt die Huldigung seiner Untertanen entgegen. Lithographie nach einem Gemälde von Peter Heß in den Münchner Hofgarten-Arkaden (im Zweiten Weltkrieg zerstört).

Um Athen geht es auch in den Gesprächen mit König Otto und den zerstrittenen Ministern. Der Regierungssitz soll nämlich von Nauplia in die alte Metropole verlegt werden. Die Meinungen zu dieser Entscheidung »von hoher politischer Wichtigkeit« gehen weit auseinander. Klenze setzt aber gegen heftige Widerstände seinen (und Ludwigs) Willen durch. Emphatisch schreibt er: »So ward Athen wieder eine Königsstadt, und ich war dazu das unmittelbare aktive Werkzeug. Der 1. December 1834 sah also in der Stadt der Weisheit und Künste einen Thron wieder aufrichten, welchen vor 2966 Jahren Kodros freiwillig zum Besten seines Volkes verließ.«

Klenze freut sich aber noch aus einem anderen Grund. Otto, der sich von seinem Vater »aufgeopfert« fühlt, bittet seinen Gast, »Entwürfe für den Pallast in Athen« zu liefern. Ludwig will selbstverständlich die Arbeiten sehen und erteilt »das größte Lob«. Der bayerische Provinz-Architekt steht also vor einer Weltkarriere. Nur ein einziges Wölkchen trübt den Himmel. Ludwig macht seinem Architekten Vorwürfe, ihn auf der Rückreise nicht in Colombella besucht zu haben. Aber wer wollte seinen launen- und lasterhaften König im Arm der schönen Marianna stören?

Dieser kleinen Wolke folgt aber alsbald ein Gewitter, das Klenze am Boden zerstört. Weinkenner Ludwig glaubt ja schon immer an Auslesen jeder Art und greift nun zu einer anderen Qualität. Schon auf der Griechenland-Reise 1835/36 verzichtet Majestät auf Klenze und lädt dessen schärfsten Rivalen ein: Friedrich Gärtner. Dieser hat nach Darstellung unseres Memoirenschreibers am Hof »geklagt, daß der König ihm immer nur Sachen im Rundbogenstyle auszuführen gebe – und die Sache ward entschieden«. Und so erntet Gärtner jetzt die begehrten Aufträge Athens.

Klenze schmerzt dabei besonders die Taktik Ludwigs, der ihm mitteilt, sein Plan sei nur aufgeschoben. Dazu der Düpierte über den König: »Diesem ist eine artistische Liebschaft eben so ein Bedürfniß, wie eine aphrodisische, und eine solche hört bei ihm nicht auf, ehe sie alle Phasen durchlaufen hat.«

Dann tut dem Architekten die Unredlichkeit weh. Auf einem Ball im Hause des Herzogs Max in Bay-

Der in Koblenz geborene Friedrich Gärtner, der große Rivale Klenzes, bremst dessen Karriere. Porträt am Grabmal auf dem Südlichen Friedhof in München.

ern (Vater der Kaiserin Elisabeth) kommt Ludwig auf ihn zu und sagt: »Klenze, es hat mir herzlich leid gethan, ihren herrlichen Schloßplan für Athen – gewiß auf dem schönsten Platze entworfen – nicht haben ausführen laßen zu können, aber die Finanzen! die Finanzen.«

Der alte Architekt ist damit weg vom Fenster! Mit bitterem Ton konstatiert er: »Ich war beseitiget.« Auf die Worte Ludwigs hin schreibt er, eine Erwiderung freiwillig unterlassen zu haben. »Alles war erzwungen und nicht mehr wie ehemals!«

Wahrscheinlich steckt hinter der Wende auch diesmal wieder eine Frau. »Ein Gebäude und sein Baustyl konnten bei diesem Herrn zur höchsten Geltung gelangen«, so schreibt Klenze, »wenn an daßelbe sich die erotische Erinnerung an irgendeinen geliebten Gegenstand knüpfte.« Und so verstehen wir seine Klage mit einem Schlage: Der König behandelt seine Architekten genauso wie seine Mätressen. »So wie er diese«, erzählt Klenze, »bald blond, bald braun, bald groß, bald klein, bald sanft, bald feurig liebte und wählte, so wechselte auch stets sein Geschmack in der Architektur.«

Klenzes Entwurf der Residenz in Athen (1836). Der Plan kommt wegen der Begünstigung Gärtners nie zur Ausführung, das Bild landet in der Eremitage von Petersburg, wohin Klenze im Jahr 1839 erstmals reist.

49

Das Schicksal mit Klenze teilt 1836 die Tänzerin Antonia Wallinger (17). Von ihr sagt der Wittelsbacher, keine habe »seine Sinne in einem so hohen Grade gereitzt« wie sie. Jetzt sind plötzlich ihre Vorstellungen in leichten, luftigen Kleidchen und Verführungskünste ohne dieselben nicht mehr gefragt.

Ihr Plätzchen im königlichen Serail nimmt nun die weitgereiste und vielgeliebte Baroneß Maria von Pflummern (29) ein, die mit Ludwig einen herrlichen Sommer in Bad Brückenau verbringen darf. Die »neue Liebschaft«, unvermählt, unfruchtbar und unwiderstehlich, ist ein quirliges Wesen, das sich nicht lange spreizt.

Um ungestört der Lust frönen zu können, hat Ludwig erstmals seiner Frau Therese verboten, ihn nach Franken in die traditionellen Sommerferien zu begleiten. Doch die Liaison bleibt dennoch nicht geheim. Klenze, der gerade den Kanalbau inspiziert hatte, überrascht das Liebespaar bei einem Rendezvous in Bad Kissingen.

Die heißen Tage in Franken wechseln mit eiskalten in München. Klenze wendet sich von den Wittelsbachern ab und stellt den griechischen König als einen willen- und würdelosen Menschen hin. Als nämlich Otto auf Brautschau nach Deutschland kommt, sagt er zu Klenze, »wie leid es ihm gethan, daß er mein herrliches Schloßprojekt jetzt nicht habe ausführen können«. Dazu Klenze: »Wovon ich kein Wort glaube!«

Aber Otto hat auch mit seinen Bräuten kein Glück. Eine Kandidatin nach der anderen sagt ab – bis sich endlich nach einer quälenden Prozedur Amalie von Oldenburg (18) bereit erklärt. Doch sie kommt wieder, wie Klenze sarkastisch schreibt, »um in den Bädern von Ems die eheliche Fruchtbarkeit zu suchen, welche ihr bis jetzt versagt worden war«. Besonders übel nimmt er ihr die Parteinahme für Gärtner. Der Konkurrent, so klagt Klenze, schäme sich nicht, »seinen Werken gegen die Meinigen Geltung zu verschaffen«.

Der Besuch der griechischen Königin erhält aber nach Darstellung Klenzes »eine erhöhende Folie durch die Anwesenheit einer sehr schönen Hofdame, der jungen Bozzaris«. Die charmante Frau ist 20 Jahre jung und Tochter eines griechischen Freiheitshelden. Ludwig nimmt sie sogleich in seine Schönheitengalerie auf. Nicht aber seine Schwiegertochter Amalie, der er die Schuld an der kinderlosen Ehe mit seinem Sohn Otto gibt! Mitmenschen zu kränken, die seine Erwartungen nicht erfüllen oder anders als er denken, ist eine seiner schlimmsten Eigenschaften.

KÖNIGS KREUZ MIT PROTESTANTEN

Klenze glaubt zwar, es sei »das monarchische Regierungssystem namentlich für katholische Christen das beste«, doch zeigt er sich andererseits tolerant und war einst bereit, ein protestantisches Gotteshaus in München zu bauen. Sein Entwurf, der dem Wittelsbacher ursprünglich »sehr wohl« gefiel, hatte aber einen zu hohen Turm und deshalb einen entscheidenden Fehler. Doch das sollte nicht publik werden, und so erfuhr Klenze von Ludwig: »Ich möge dieses ändern, ohne daß ich etwas davon sage, daß es sein Wunsch wäre; gewiße Herrn würden dieses übel deuten, da sie gewiß lieber einen recht großen Thurm hätten, wenn es auch weniger schön wäre.« Mit »gewißen Herrn« meint der König natürlich die Protestanten.

Dann kam alles ganz anders. Nicht Klenze, sondern Baurat Pertsch erhielt den Auftrag für das Gotteshaus der 6000 Münchner Protestanten. Freilich, auch er wurde abgekanzelt. »Sauerei« nannte Ludwig den Plan. Scheinheilig sagte er aber zu Klenze, für eine evangelische Kirche sei das alles natürlich angemessen. Architekt Klenze ging wieder einmal die Wand hoch und rügte Ludwigs »große Gleichgültigkeit und Verachtung des Gegenstandes«.

Als der Wittelsbacher den hohen Campanile immer noch als Spitze gegen seine katholische Kirche empfindet, verärgert er den protestantischen Architekten Ziebland. Dieser stellt auf einem Bild den Turm massiv und groß in den Vordergrund, die Domtürme im Hintergrund dagegen recht bescheiden.

Die unselige Idee Ludwigs in seiner Kronprinzenzeit, alle Protestanten in Rom zu bekehren, lebt später in geradezu himmelschreienden Formen wieder auf. Und so sind auch seine üblen Sprüche über alle Andersgläubigen und -denkenden zu erklären. Seinem Schwager, dem Preußenkönig Friedrich Wilhelm IV., schreibt er einmal: »Dich haß ich gleich der Spinne.« Und er freut sich, als der große Schelling (Klenze: »der protestantische Grübler«) nach Berlin zieht. Gerne sieht er auch Rückert dorthin gehen. Überhaupt nicht zu verstehen ist für viele seine Abneigung gegen den genialen Heinrich Heine, der zwar zum Protestantismus konvertierte, aber ursprünglich Ludwig wohlgesonnen war. Und so vernimmt man eines Tages die Meldung, Ludwigs Name sei auf einer Inschrift im Englischen Garten mit dem Prädikat »Pfaffenkönig« versehen worden. Klenze: »Ich sah den König fast nie in größerem Zorne.«

Doch die Schmierer haben nicht Unrecht, wie der Architekt berichtet. »Jeder auch noch so kraß hervortretende Zelotismus, solange er nur die dogmatische Bahn nicht direkt verließ, war dem König als strenggläubigen Katholiken stets sehr willkommen.« Das tritt auch 1840 zutage, »als in München ein Prediger, Eberhard, alle Vernünftigen und gemäßigten Männer durch die leidenschaftlichsten Ausfälle gegen Protestanten und Protestantismus in seinen Predigten empörte«. Da sagt der König nur: »Was will man denn gegen den Eberhard? Ich wünschte nur recht viele solche Prediger zu haben.«

Der ganze Zelotismus Ludwigs freilich ist überhaupt nicht logisch. Am Höhepunkt seines Protestantenhasses liebt er nämlich die äußerst adrette und nette Schauspielerin Constanze Dahn (25). Mit dieser wirklich hübschen Frau vereinigt er sich zwar im Bett, nicht aber im Gebet. Denn sie hängt der Lehre Luthers an.

Aber nicht nur Mätressen Ludwigs sind evangelisch, sondern auch Mutter Wilhelmine, Stiefmutter Karoline, Ehefrau Therese und Schwiegertochter Marie. Wie verherrlichte er 1810 seine Braut! »Mich drängts, nach dir die Arme auszubreiten, geliebtes Weib«, so dichtete er damals. Sie schenkt ihm neun Kinder. Schwiegertochter Marie (von Preußen) nimmt er sogar in seine Schönheitengalerie auf. Und wie hing er an seiner leiblichen Mutter, die er im Alter von zehn Jahren verlor! »Die schöne engelhafte Prinzessin von der Pfalz« hat man diese Frau genannt. Nie duldete er nur das leiseste Wort der Kritik an ihr.

Im Alter verehrt er ebenso Karoline. Ihr Tod 1841 geht ihm sehr nahe. »Er war wie außer sich und hatte fast die Besinnung verloren«, berichtet Klenze. Und er fährt fort: »Diese Betäubung suchte schnell die hyperkatholische Partei zu benutzen, um an dem königlichen Leichnam noch die Verdammniß der evangelischen Confeßion zu rächen.« Laut Testament des Königs Max war man nämlich gezwungen, seine zweite Frau an seiner Seite in der (katholischen) Theatinerkirche zur letzten Ruhe zu betten. Diese Verfügung freilich sehen die katholischen Geistlichen als Teufelswerk an. Klenze: »Öffentlich wollte man es zeigen, daß dieses ganz außerhalb der Würde, welche hiebei der Katholizismus verleihen konnte, geschehen müße.«

Der Leichenzug zur Kirche, so fährt Klenze fort, ist »mit aller Pracht angeordnet«. Als der Sarg dann »in und durch die Kirche ohne Sang und Klang in die Gruft getragen wird«, sieht man die Geistlichen so gekleidet, wie sie »auch in das Bierhaus gingen«.

Obristhofmeister Karl von Rechberg, so erzählt Klenze, ist es, der »den König zuerst aus seiner Betäubung erweckte und in einem sehr klaren Memoire zeigte, welche Entwürdigung der Majestät hier der katholische Clerus unter der Maske confessioneller Usanz und Oberservanz sich erlaubt habe, um den Altar über den Thron zu stellen«.

Konkret kann Rechberg nachweisen, »daß der eigentliche Betrieb dieser Sache von dem Minister des Innern von Abel ausgegangen, und Alles darauf bezügliche zwischen ihm, dem päbstlichen Nunzius Monsignore Viale und einem Geistlichen Nahmens Windischmann in heimlichen und nächtlichen Zusammenkünften verabredet worden war«.

Nunmehr kommt Ludwig I. »zur Besinnung und sprühte Flammen vor Zorn«. Zu Klenze sagt er: »Im Koth haben sie das lebende und todte Königthum stehen laßen.« Er kündigt Konsequenzen an. »Die Lektion soll nicht verloren sein!« Als Abel von der Rache erfährt, bittet er, »schlau und geschickt«, um eine Versetzung an den Bundestag in Frankfurt. Da er aber andererseits auch seine Unentbehrlichkeit in München anspricht, wird ihm »vergeben und bis auf Weiteres der ganze königliche Zorn auf die katholische Geistlichkeit herüber geschoben«, erzählt Klenze. Schließlich verläuft alles im Sand, und der ganze Unwille des Monarchen verlagert sich wieder in das protestantische Lager.

Unversöhnlich wie ihm steht Ludwig eigentlich nur noch Frankreich gegenüber. Dazu eine Anmerkung: Seit langem plant er, die Ludwigstraße, die immer mehr an Gestalt annimmt, mit einem Siegestor abzuschließen. Klenze: »Oft hatte mir der König von diesem beabsichtigten Bauwerke gesprochen.« Jedesmal sagt er aber: »Damit hat es Zeit, bis es neue Siege gibt.« Klenze: »Es war deutlich, daß damit Siege über die verhaßten Franzosen gemeint waren.« Aber Ludwig weiß auch, »daß zum Kriege wie zum Siege drei Sachen, nemlich Geld, und Geld und nochmals Geld nöthig sind.«

Karoline, die erste Bayernkönigin, nach der in München der Obeliskenplatz benannt ist. Über die Bestattung der liebenswerten Frau 1841 informiert uns ausführlich Klenze. Da die katholischen Geistlichen in der Theatinerkirche so auftreten, als gingen sie »in das Bierhaus«, empört sich Ludwig. Stahlstich nach einem Gemälde von Joseph Stieler.

WEIHE DER WALHALLA

Die Walhalla bei Regensburg sollte der Olymp des deutschen Geistes werden, doch danach sieht es lange Zeit nicht aus. Klenze macht die Hölle durch und berichtet: »Des Königs Mißlaune gegen mich blieb noch deutlich und unter ihrem Einfluß reißte ich nach Regensburg, um die Arbeiten zur ineren dekorativen Vollendung der Walhalla zu leiten und zu bewachen. Ich hatte dem König den Zeitpunkt genannt, wo diese soweit fortgeschritten sein würden, daß er sie ansehen könne und er traf auch zu diesem Zwecke gegen Abend in Donaustauff, nur von einem Adjutanten begleitet, ein.«

Dann die Brüskierung: »Es regnete heftig und ich erwartete den König mit dem Fürsten Taxis an der Donaubrücke, wovon sowohl der Fahrweg um den Walhallaberg als der Fußweg die großen Treppen hinauf zu dem Gebäude führen. Der König wollte den letzten wählen, der Regen war aber so heftig, daß er einen bereitstehenden viersitzigen Wagen des Fürsten Taxis bestieg, und ohne mir nur ein Wort zu sagen, mit seinem Adjutanten allein den Berg hinauf fuhr. Ich war einen Augenblick unschlüßig, ob ich ihm folgen sollte, so empörte mich ein so ungerechtes und unwürdiges Benehmen.«

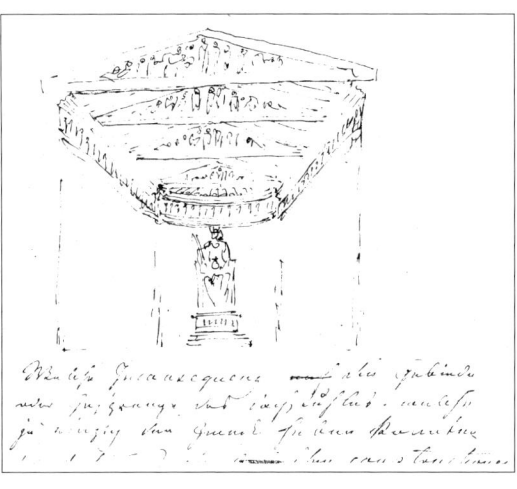

Klenze schreitet also bei dem Regenwetter zu Fuß zu seiner Schöpfung. »Als ich oben anlangte, war der König schon einige Zeit im Innern des Baues – und so wie es mir schon so oft geschehen, was ich geschaffen und gemacht, hatte wieder über das, was man dem Könige in feindlicher Absicht gegen mich gesagt, den glänzendsten Sieg davon getragen. Die vor 10 Minuten an der Brücke gegen mich in verhaltenem Zorne verzerrten Züge des Königs hatten sich jetzt in der Walhalla zum Ausdrucke des heitersten Wohlwollens entfaltet, und in wahrem Enthusiasmus lief der König mir, als ich eintrat, mit dem Jubelrufe entgegen.« Und

Grandiose Landschaft an der Donau. Von links: Oben die zerstörte Burg, dann Kirche und Dorf von Donaustauf, anschließend das Schloß derer von Thurn und Taxis (1880 abgebrannt), knapp rechts darüber St. Salvator und schließlich die Walhalla Klenzes. Stahlstich Johann Poppel.

wie lautet dieser? »Herrlich, herrlich, Klenze, prachtvoll, grandios, klaßisch und schön wie ich nur jemals etwas sah.«

Klenze also wieder in der Gunst des Monarchen. Und so blättern wir weiter in den Büchern des Architekten: »Alle Mißlaune war nun verschwunden und die heitere Stimmung steigerte sich noch, als wir das Innere des Gebäudes wieder verlaßend, auch das Äußere ohne Regen und in einem reizendem Effekte der Abendsonne sehen konnten.«

Dann aber erlebt der König eine zweite Krönung des Ausfluges. Fürst Maximilian Karl von Thurn und Taxis (39) und seine Frau Mathilde (25) bitten zu Tisch. Der Gastgeber ist einer der reichsten Männer des Kontinents, die Fürstin eine in ganz Europa gefeierte Schönheit. Während des »sehr splendiden Mittagsmals« überhäuft Ludwig seinen Architekten mit Anerkennung und lobt »die Trefflichkeit der Küche bei jeder neuen Schüßel«. An der prächtigen Tafel bemerkt Klenze, sein königlicher Herr sei doch ein armer Schlucker. Seine Küche in München könne »ganz zweifelsohne an Schlechtigkeit mit keinem europäischen Hofe verglichen werden«.

Bald kommt man wieder, denn am 18. Oktober 1842 erfolgt endlich »bei außerordentlich schönem Wetter« die Einweihung des Tempels. Aus Kostengründen lehnt der König ein Fest ab. Doch da warten schon die Taxis auf die günstige Gelegenheit, ihren Reichtum zur Schau zu stellen. Kein Zweifel, diese Familie mit ihren prächtigen Schlössern und Rössern, den ertragreichen Feldern und Wäldern

Mit ihren Frauen haben die Thurn und Taxis nur selten Glück. Eine Ausnahme bildet Mathilde, die in sich Schön- und Klugheit vereint wie keine im Hause vor und nach ihr. Gemälde von Joseph Stieler.

55

Das erste Photo vom Innenraum der Walhalla, abgebildet in Kunstzeitschriften inner- und außerhalb Bayerns. Um 1880 bis 1900.

gehört in der deutschen, ja europäischen Geld- und Geburtsaristokratie zur ersten Adresse.

Nach einigen »hyperpatriotischen Phrasen im allerdurchlauchtigsten, allergnädigsten Großmächtigsten Königs- und Herrnstyle« bittet Ludwig dann die Taxis und weitere Herrschaften in das weiße Haus über der blauen Donau. »Mehr als alle Lobesrufe und banalen Phrasen von Nichtkennern«, so schreibt Klenze, »erfreuten mich die aufrichtigen Freudenthränen, mit welchen die treffliche Königin den König umarmte und ihm zu dieser Schöpfung Glück wünschte.«

Anschließend geht es zum Festmahl in das Taxissche Sommerschloß, »wo ein koloßales Mittagessen dem Kunstenthusiasmus eine feste Basis gab oder die Krone aufsetzte«. Hauptdelikatesse ist eine 182 Pfund schwere Schildkröte, die aus Hamburg angeliefert wurde. Die hübsche Fürstin sitzt neben Ludwig, der sofort eine Neuigkeit aufgabelt. Die Tischpartnerin ist im dritten Monat schwanger. Der König, so berichtet Klenze abschließend, »war außer sich vor Bewunderung und Freude über die Anordnungen und den Luxus dieses allerdings lukullischen Males, und beschloß daßelbe mit einem wirklich witzigen Spotte auf die Küche seines Hofes«.

Trotz des vorzüglichen Galadiners bleibt freilich ein bitterer Nachgeschmack. Den Protestanten stieß etwas Arges auf: Ludwig hat der Walhalla die Büste Luthers doch verweigert. Dafür tischt er den Deutschen nun die heidnischen Victorien auf.

Nach dem Festmahl setzt sich nämlich der königliche Troß nach Kelheim in Bewegung: Zur Grundsteinlegung der Befreiungshalle auf dem nahen Michelsberg, berichtet Klenze, der von dem Entwurf seines Konkurrenten Gärtner nicht viel hält und schreibt. »Gottlob hatte ich mir nicht vorzuwerfen, an den barocken häßlichen, byzantino-italico germanico-Gärtnerikoschen Formen des Baues Theil zu haben.« An seinem Lebensende soll er mit diesem Nationaldenkmal noch einmal konfrontiert werden.

Der bayerische Despot und Zelot

König Ludwig I., so behauptet Klenze nahezu auf jedem seiner vielen Notizblätter, ist Lieb- und Rechthaber zugleich. Wer ihm widerspricht, fühlt schnell eine deutliche Sprache und Rache. Seit 1830 steckt er alle Gegner ins Gefängnis, darunter einen seiner besten Freunde, den Würzburger Bürgermeister Behr. Eine »strenge Censur«, so schreibt Klenze, sorgt für kritiklose Berichterstattung in den Zeitungen. Nur die Meinung des Königs ist maßgebend – und das in allen Bereichen.

So sind seine Minister auch nur Befehlsempfänger, die er auch öffentlich demütigt, wie der Fall des bereits erwähnten Innenministers Karl Abel zeigt. Wir lesen aus der Feder Klenzes: »Ein Grund seines Emporkommens war eine plötzlich an die Stelle des größten religiösen Indifferentismus tretende Frömmigkeit im streng katholischen Sinne«. Als Ludwig einmal dem Großherzog von Modena besagten Abel vorstellt, sagt er im Beisein des Architekten: »Hier ist mein Minister des Inneren, welcher es gewiß nicht geworden, wenn ich nicht von seiner rechtgläubigen Frömmigkeit überzeugt wäre.«

Der König geht aber noch einen Schritt weiter und behauptet nach Auskunft Klenzes wiederholt in größerer Runde: »Ich will und habe keine Minister, sondern nur Sekretäre, welche meinen Befehlen Form und Verwirklichung geben; nicht wahr Abel so ist es.« Und was macht der so Angesprochene? Klenze: »Eine tiefe Verbeugung.« Und so gerät Bayern, wie sich der Memoirenschreiber ausdrückt, »immer mehr unter den Einfluß des strengsten katholischen Zelotismus«.

Ganz anders als seine Minister behandelt der König seine Mätressen. Da spielt er seinen Charme aus, um das zu erreichen, was er will. Und selbst, wenn die Hübschen seinem Begehren nicht erliegen, gibt er sich generös, liest man bei Klenze. Eine solche Evatochter ist Caroline, die illegitime Tochter seines Bruders Carls. In der Mitte der 30er Jahre gehört sie zu den schönsten Frauen Münchens. Ihre Ehe mit dem Grafen Holnstein bricht sie ständig ohne die geringsten Skrupel.

Als sich nun Ludwig Hoffnungen auf sie macht, lockt sie ihn tatsächlich in ihr Liebesreich. Der König ist darüber besonders glücklich. Was ist schöner, als einer feschen Frau, möglichst in Gedichtform, zuflüstern zu können, wie gut einem die Berührung ihres Leibes tut? Doch bei der neuen Flamme blitzt er offensichtlich kurz vor seinem Ziel ab. Sie brennt nämlich mit einem seiner Offiziere durch. »Ihr Gemahl konnte sich nun gemeinschaftlich mit ihrem verlaßenen Geliebten (Ludwig) trösten«, kommentiert Klenze bissig.

Wahrscheinlich erregte der König wiederholt die Bewunderung der Geliebten wegen seiner Gedichte, von denen einige wirklich mutig und anmutig zugleich sind. Und damit sind wir bei Goethe. Majestät zitiert zwar ständig auf Reisen seine Verse, in der Walhalla will sie seine Büste aber zunächst nicht sehen. Als Klenze erklärt, es sei ganz unmöglich, Deutschlands größten Dichter auszuschließen, wird es dramatisch. »Die Antwort des Königs war«, so erzählt der Architekt, »wenn die Rede darauf kam, stets mit einer gewißen Mißlaune ausgesprochen.« Wiederholt sagt Ludwig: »Nein! Nein! warum denn gerade der, warum gerade Göthe!«

Klenze glaubt, »diese Mißlaune endlich der Confession des Dichters oder seinen politischen Grundsätzen, welche dem König nie recht zugesagt hatte, anheim geben zu müßen«. Doch der Architekt täuscht sich und wird vom Kunstsammler Sulpiz Boisserée, der 1827 viele Meisterbilder an Ludwig für die Alte Pinakothek verkauft, aufgeklärt: Der Wittelsbacher hat nie die Kritik Goethes an den Gedichten des Bayern verwunden und vergessen.

Der König zürnt aber nicht nur dem Dichterfürsten, auch die erste Malergarde Deutschlands treibt es ihm seiner Meinung nach zu bunt. »Der wahrhaft geniale, aber grade kränkliche und reizbare Maler Kaulbach«, so erzählt Klenze, »habe sich mehreremale freimütig über die großen Mängel der Bilder aus dem Niebelungenliede und über die religiösen Darstellungen geäußert, welche Schnorr und Heinrich Heß im Königsbaue und in der Allerheiligen-Capelle ausführten«. Das hätte er besser nicht tun sollen. Als Ludwig von dieser Kritik an seinen Lieblingen erfährt, so teilt der Architekt weiter mit, »war er so aufgebracht, daß er mir selbst sagte, er wolle ihn aus dem Lande bringen laßen«. Nur der Intervention Klenzes ist das Bleiben Kaulbachs zu danken.

Völlig aus dem Rahmen fällt der Wittelsbacher dann im Umgang mit dem Maler Peter Cornelius. Er ist laut Klenze »zu unabhängig und selbständig, um sich stets unter den krampfhaften Willen eines Herr-

schers wie Ludwig I. zu schmiegen«. Nach Darstellung des Memoiren-schreibers gilt er als »der erste oder doch gewiß der berühmteste Maler unserer Zeit«. Als solcher erhält er auch den Auftrag für das Jüngste Gericht in der Ludwigskirche.

Als nun Cornelius 1839/40 mit diesem größten Wandgemälde der Welt fertig wird, sieht er Ludwig und Gärtner in die Kirche schleichen. Klenze berichtet: »Cornelius glaubte, sich nun ebenfalls dahin begeben zu müssen, ward aber an der Thüre von einem ganz gemeinen Arbeiter mit dem Bedeuten zurückgewiesen: er dürfe nicht hinein.« Die Meinung beider Inspizienten über das grandiose Werk des Cornelius, das Generationen von Künstlern loben, ist niederschmetternd. Königliches Fazit: Cornelius ist ein Dichter aber kein Maler. Es sei zu hoffen, »daß jenes Bild des jüngsten Gerichtes noch einen Firniß bekommen werde, um die Farben heraustreten zu machen«. Und Ludwigs bösestes Urteil: »Kurz und gut Klenze, ich sage Ihnen, diese Arbeit ist eine wahre Sauerei.«

Der gedemütigte Maler folgt daraufhin einem Ruf des Preußenkönigs Friedrich Wilhelm IV. Und Ludwig schimpft jetzt nach allen Regeln der Kunst über seinen ehedem besten Maler. Noch mehr ärgert er sich aber

Von Ludwig I. hoch gelobt, dann verdammt: Johann Wolfgang Goethe (Stich von Johann Heinrich Lips) und Peter Cornelius (Zeichnung seiner Tochter Maria). Ersterem will der Bayer den Einzug in die Walhalla verweigern, Letzteren treibt er in das Exil nach Berlin.

59

Die Ludwigstraße in München mit der Ludwigskirche und der Bayerischen Staatsbibliothek (beide von Gärtner) links im Vordergrund und anschließend mit dem Kriegsministerium (von Klenze). Stahlstich von Ernst Rauch.

über den »glänzenden Empfang«, den man dem abtrünnigen Cornelius in Berlin bereitet. Die entsprechenden Nachrichten, so erzählt Klenze, »berührten ihn (Ludwig) äußerst unangenehm und seine Äußerungen darüber gegen mich schienen zu beweisen, daß der König der vollsten Überzeugung war, es sei ungerecht und ungeeignet, einen Künstler zu ehren und auszuzeichnen, welchen er deßen nicht würdig erachtet hätte«.

Die Kündigung des Cornelius hat in München eine Signalwirkung. Plötzlich erfährt nämlich Ludwig, auch die Maler Kaulbach und Rottmann wollten nach Preußen gehen. »Aber Klenze, sagte er mir mit dem aller verdrüßlichsten Gesichte und mit dem Fuße stampfend, soll denn alles nach Berlin und immer nach Berlin?« Der Monarch ahnt zu diesem Zeitpunkt noch nicht: Auch der so Angesprochene hat ein lukratives Angebot.

ZENITH IM ZARENREICH

Klenzes Sturm und Drang, Sturz und Rang ebnen ihm den ruhm- und ertragsreichen Sprung und Gang in den Kreis der Weltelite und nach Petersburg. Den russischen Ruf hätte er wohl in dem geschehenen Umfang nie annehmen können, wenn das Verhältnis zwischen ihm und Ludwig nicht so dramatisch belastet worden wäre.

Eine kurze Rückblende: Als Zar Nikolaus 1838 in München weilt, schaut er sich natürlich Stadt und Schloß gründlich an. Im Thronsaal der Residenz ruft er aus: »Das ist der schönste Raum der Welt.« Klenze weiß somit, welche Wertschätzung er in der Fremde genießt. Und so bricht der Meister, der dauernden Demütigungen zu Hause müde, schon im Frühjahr 1839 zum erstenmal »nach dem hohen Norden« auf.

Dort wird Klenze sofort vom Zaren empfangen. Der Architekt schreibt: »Nachdem mir der Monarch sein Bedauern ausgedrückt hatte, daß ich nicht früh genug habe kommen können, um an der Wiederherstellung des Winterpallastes Theil zu nehmen, eröffnete er mir seine Absicht, durch Vergrößerung der jetzigen Eremitage das Mittel zu gewinnen, alle Kunstsammlungen würdig und zweckmäßig aufzustellen, und daß er mich der sich in diesem Fache der Baukunst als den größten Architekten der Zeit bewährt habe, nach Petersburg berufen habe, um diesen Bau zu entwerfen.« Ja, der Zar geht noch weiter. »Wenn ich nicht fürchten müßte, unbescheiden zu sein, so würde ich Sie auch bitten, mir Entwürfe für das Innere der St. Isaakskirche zu machen.« Die ihm vorgelegten Pläne seien nämlich abscheulich. Klenze: »Ich versprach, das Meinige zu thun, um des Kaisers Vertrauen zu rechtfertigen.«

Natürlich wird der Gast aus München in die Herrscherfamilie eingeführt. Er trifft dort auch den 1817 in München geborenen Herzog Max von Leuchtenberg, der mit der Zarentochter Marie Auguste (20) verheiratet ist. Sie gilt als die schönste Russin, deren Liebreiz auch in der Bayernmetropole, wo sie öfter weilt, hoch gepriesen wird. Auf Assembleen und Bällen hofieren sie die russischen Adeligen mehr als jede andere Frau. Mit ihrem Ehemann, so berichtet Klenze, verbindet sie »die

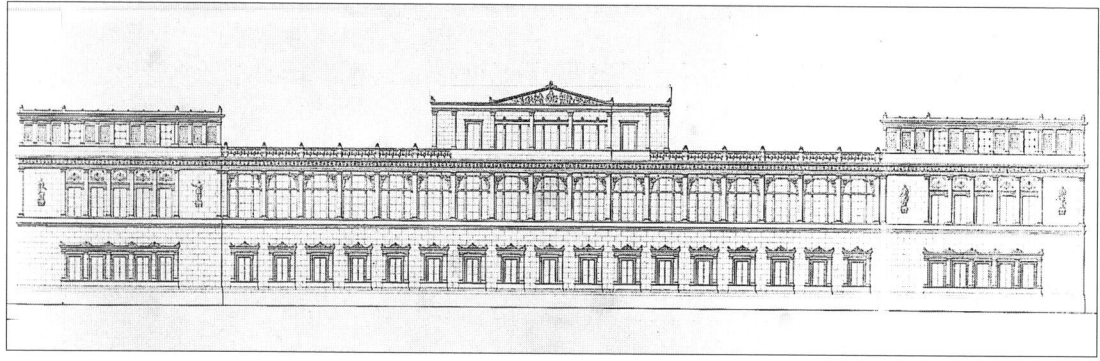

Klenzes Hauptwerk: Die Eremitage in Petersburg. »Fronte gegen das Winterpalais« schreibt er über seine Skizze. Die Stiche existieren deutschlandweit nur in einem einzigen Exemplar.

heftigste Leidenschaft«. Der Architekt selbst nennt sie eine »junge, geistreiche, liebenswürdige, aber höchst reizbare Fürstin«.

Höhepunkt des Aufenthalts ist der Besuch der Privaträume der Zarin Katharina der Großen (1729-1796). Nikolaus I. zeigt dem Gast »alle heimlichen Gänge und Treppchen, welche zur Feier des Cultus der Venus pandemos gehörten, welchem jene große Frau so eifrig oblag und deßen Priester gewöhnlich in den Wachstuben gesucht und gefunden wurden.«

Zu Hause in München wieder das alte Elend. Er ist nicht mehr ausgelastet, weil ja das Büro seines Konkurrenten Gärtner floriert und nicht das seinige. Klenze schreibt: »Ich war herzlich froh, daß mir der König zur Ausarbeitung meiner Petersburger Projekte einige Zeit und Muße gewährte, und widmete dieser die angestrengteste Thätigkeit.« Im Jahr darauf (1840) reist so Klenze abermals nach Petersburg. »Ich fand dort noch freundlichere Aufnahme als bei meinem ersten Aufenthalte und ein wahrhaft enthusiastisches Lob meiner Arbeiten.«

Dort läßt man eben dem Künstler, was des Künstlers ist, und so verstehen wir seinen Tagebucheintrag von 1841. Ihn störe an Ludwig, so meint der nunmehr weltberühmte Architekt, »diese Sucht momentanen Augenkitzels«. Auf fachliche Einwände reagiere der Monarch meist so: »Ja! Ja! Das ist Alles recht gut aber der Effekt, die Wirkung mein bester Klenze, das ist doch die Hauptsache.« Dann wendet sich der Memoirenschreiber an seine Söhne: »O! es ist wahr, ich habe dem Herrn fast Alles zu verdanken, was ich materiell geleistet habe, und was ich bin, aber glaubt mir meine lieben Söhne, ich habe bittre! bittre Augenblicke mit ihm verlebt.«

Dieser selbstherrliche Herrscher glaubt indes, die Planungen Klenzes seien brotlose Kunst. Als nämlich der Architekt zum König sagt, »daß der Bau des großen Musäums nun wirklich begonnen hätte, veranlaßte (dies) den König noch immer Zweifel darüber zu äußern, weil wie er wiße, ja die Rußischen Finanzen in solcher Bedrängniß wären, daß man wol an die Verwirklichung eines solchen Prachtbaues nicht ernstlich denken könne«. Wie täuscht sich da der Wittelsbacher!

Insgesamt sechsmal reist Klenze nach Petersburg. Er nennt den Zaren »den redlichsten Manne seines Reiches und den Edelsten auf einem europäischen Throne«. Besonders geschmeichelt fühlt er sich, als ihm die hübsche Marie Auguste ihr Landhaus in Sergiefsky zeigt. Wehmütig denkt er an seine Frau Felicitas, die kränkelt und schließlich 1844 im Alter von nur 50 Jahren stirbt. Fünf Kinder hat ihm die gebürtige Turinerin geschenkt. Jetzt bestattet er sie auf dem Südlichen Friedhof.

Indes wächst die Eremitage in die Höhe, die zu einem der schönsten Museen der Welt werden soll und Klenze den Ruf einbringt, der bedeutendste Architekt seiner Zeit zu sein. In einer eigenen Baubeschreibung lobt er überschwenglich seinen Kompagnon Hiltensperger, »welchem mehr als irgend einem andern lebenden Maler das eigentliche Verständniß und die lebendige Auffassung antiker Malerei eigen ist«. Diese in Petersburg aufbewahrte Beschreibung enthält auch die bisher als verschollen gehaltenen Skizzen Klenzes.

Vor allem die Innenausstattung mit wahren Kaskaden pompejanischer Motive, den Karyatiden, Kapitellen und Kuppeln bilden nach Ansicht der Russen ein würdiges

»Room of coins and medals«, wird in Petersburg dieser Raum offiziell genannt. Bildnis von Sadovnikov (1851).

Großfürstin Marie Auguste im Schloß Ismaning, vom Büro Klenze nach der Eremitage ausgemalt. Fresko von Otto Hohenegg.

63

Ambiente für die großartige zaristische Kunstsammlung. Klenze und Hiltensperger können hier ihrer Phantasie freien Lauf lassen und müssen sich nicht ständig von Ludwig gängeln lassen.

Wie sich diese Unabhängigkeit konkret ausdrückt, teilt uns Klenze 1846 mit: »Der König hatte kürzlich mit mir eines der Bilder besehen, welche Hiltensperger für das Petersburger Musäum gemalt hat: Zeuxis unter den 5 Jungfrauen Agrigents, welche ihm als Modelle für seine Juno gedient hatten, und der sechsten, welche errötend verweigerte, sich nackt zu zeigen. Das Bild ist in hohem Grade decent gehalten und man sieht nur den nackten Rücken einer der Schönen.«

Diese bedeckte und versteckte Erotik, so berichtet Klenze weiter, »gefiel dem Könige sehr«. Als er aber erfährt, Hiltensperger habe die Absicht, sein Werk im Kunstverein zu präsentieren, wird Ludwig deutlich. Aber hören wir dem Chronisten zu: »Wie! sagte der König, solche Nuditäten öffentlich ausstellen? Nein! Das geht doch nicht an!« In Petersburg darf also ein schöner Rücken entzücken, in München nicht.

64

KÖNIGS KEUSCHE KUNST

Einmal bigott, dann wieder ausschweifend! Das ist nach Darstellung Klenzes sein König in den 40er Jahren. Eingeweiht in die Frömmelei des Monarchen wird der Architekt von dem Dichter Eduard Schenk, der mit seinen Informationen unser Ludwig-Bild ganz schön korrigiert. Dieser klagt laut Klenze »bitter über die sich täglich steigenden hyperkatholischen Tendenzen des Königs unter Abels Einfluße«. Karl Abel, seit 1837 Innenminister, habe die Absicht, »den König unter ein von ihm selbst geleitetes Pfaffenregiment zu bringen«. Dabei steigert er Ludwigs »lebhafte Einbildungskraft bis zu religiösen

Der Säuberungswelle Ludwigs I. entkommen nur zwei Objekte: Schloß Ismaning seiner Schwester und der Palast des Herzogs Max an der Ludwigstraße. Unser Bild zeigt freizügige Damen in Ismaning.

Visionen« und flöße ihm so den göttlichen Willen ein, bald das Zeitliche segnen zu müssen.

Hauptsorge des Königs in dieser bigotten Phase, in der er mehr an das Himmel- als Königreich denkt, ist die Vollendung des Kölner Doms, weswegen es zu einer abermaligen Verstimmung mit Klenze kommt. Denn diese Begeisterung, so der Architekt, sei allein auf Ludwigs »Gothiko-germanischen Kitzel-Nerv« zurückzuführen. So wird in Bayern »ein Kölner Dombau Verein gestiftet und alle Mittel angewendet, um zu häufigen und erklecklichen Beiträgen aufzumuntern«.

Diese Endzeitstimmung des Königs nutzt nun Abel aus und erklärt, die lockere und lockende Mode der heidnischen Götter verderbe die Mitmenschen. Klenze: »In der Kunst hatten diese steigenden pfäffischen Tendenzen zunächst den Einfluß, daß alle Nuditäten in Bildern und Statuen entfernt, und wo sie etwa schon bestanden und selbst Jahre geduldet waren, bekleidet werden mußten.«

Auch Klenze hat sich zu fügen. »So erhielt ich plötzlich Befehl«, schreibt er, »im Conseil Kabinette des Königsbaues allen klaßischen und mythologischen Regeln zum Trotze, die zu den Füßen des gefeßelten Prometheus klagenden Okeaniden des Aischylos mit Hemd und Unterrock bekleiden, ja sogar die kleinen von der Hüfte an in Laubwerk ausgehenden Victorien, welche in den Arabesken des Hofgartenganges vorkommen, die bis dahin nackte Brust, mit Drapperieen bedecken zu laßen!«

Der Säuberungswelle entkommen nur zwei Malereien, diejenigen im Herzog-Max-Palais an der Ludwigstraße und in der Sommerresidenz der Herzöge von Leuchtenberg in Ismaning. Nach der Zerstörung des Münchner Palastes geben uns heute so recht nur noch die Motive in Ismaning Zeugnis von dem damals verbotenen Genre. Zu sehen sind im dortigen Schloß an Wänden und Decken anmuts- und prachtvolle Mänaden, die schon sehr bereitwillig Ausschnitte ihrer Reize und Reife zeigen, und halbnackte Victorien und Seejungfrauen. Freilich geht auch das Gerücht, man habe in Ismaning im Zuge der allgemeinen Säuberungswelle, einem Silen (Lehrer des Weingottes Bacchus) eine kurze Hose angezogen.

Die Skizzen und noch rechtzeitig geretteten Bilder des Herzog-Max-Palais unterscheiden sich von der Ismaninger Erotik kaum. Es ist das Geburtshaus der nachmaligen Kaiserin Elisabeth (Sissi), die hier schon

als kleines Mädchen Bilder sieht, die Phantasien beflügeln und eine Aufklärung unnötig machen: Splitter- und halbnackte Gottheiten in Bädern und Boudoirs, natürlich Venus und Victoria, Mänaden, die Iupitergeliebte Semele und Psyche in Salons und Sälen. Ja selbst in der Hauskapelle finden wir unter den Heiligen Gottes schicke Victorien mit langen, völlig freien Beinen bis zum Becken und hübschen Gesichtern.

Besitzer und Bewohner ist hier der Herzog Max in Bayern, Sissis Vater. Er liebt wie Ludwig schöne Frauen und hat mehrere illegitime Kinder. Natürlich schätzt und schützt er dieses Sujet an Decken und Wänden. Er und Auguste Amalie von Leuchtenberg, der das Schloß Ismaning gehört, sind zwar Wittelsbacher, doch sie lassen sich von König Ludwig in dieser Beziehung überhaupt nichts sagen.

Und dieser beschäftigt weiter Pinsel und Farbe für Unter- und Oberkörper. Aber nicht nur die Maler bekommen neue Aufträge, sondern auch die Schlosser. Denn es werden alte Vasen und Schalen mit nackten Himmelswesen und Helden in zugriffsichere Kästen gesperrt. Ja, nicht einmal Kunstkenner dürfen die Gottheiten in ihrer Blöße sehen.

Voller erotischer Szenen ist der Palast des Herzogs Max in Bayern. Seine Tochter Elisabeth (Sissi) sieht und bestaunt all diese Bilder, die zu Vorbildern werden. Relief (Iupiter und Semele) von Ludwig Schwanthaler, heute im Foyer der Landeszentralbank, von jedermann zu besichtigen.

67

Pornographisches in der königlichen Sammlung. Iupiter in Gestalt eines Schwanes verführt die Königstochter Leda, die daraufhin drei Eier (Vater ist ja ein Schwan) legt, aus der die Dioskuren (Castor und Pollux) und die schöne Helena schlüpfen. Exponat in den Antikensammlungen am Münchner Königsplatz.

Klenze: »Der Archäologe Raoul-Rochette in Paris wendete sich an mich, um zum Behufe einer gelehrten Untersuchung über die Pornographie des Alterthums Zeichnungen mehrerer obsöner Gefäße in der münchner Sammlung zu erhalten.« Doch Ludwig erteilt »eine entschiedene abschlägige Antwort, weil es doch nicht rathsam wäre, öffentlich bekannt zu machen, daß in München solche Dinge aufbewahrt würden!«

Auf der anderen Seite zeigt sich Klenze bestürzt über die zunehmenden Ausschweifungen des Wittelsbachers. Dieser befiehlt plötzlich hübsche Münchner Modelle zu sich und fordert sie zum Strip-tease auf. Als sich einmal ein besonders attraktives Mädchen weigert, schickt er es zornig wieder weg, behauptet unser Memoirenschreiber Klenze.

Einem anderen Schatz aus Fleisch und Blut schlägt der König vor: »Heute Abend um acht Uhr, aber ohne Corset!« Dieses Dessous ist für den Herrscher schon immer ein Fremdkörper am weiblichen Leib, das da nichts verloren hat. Da Klenze diese königliche Aufforderung von einem »sehr bewanderten Herrn des Hofes, dem Grafen T…n«, mitgeteilt bekommt, so darf man annehmen: Der Informant ist Graf Taufkirchen, die Schönheit keine Geringere als die gefeierte Schauspielerin Constanze Dahn (Mutter des Schriftsteller Felix Dahn), eine stets allen Freuden und Freunden offene Schönheit, die weiß, welches Glück sie sich und anderen schenken kann, die eine Liebesstunde am heißen Munde des Galans mehr schätzt als den frenetischen Beifall nach einer geglückten Vorstellung auf der Bühne.

Aber Klenze erlebt seinen Herrn noch falscher und ergo schlimmer – auf dem Oktoberfest 1846. Eingangs Löbliches, dann aber arg Lästerliches. Konkret preist der König dem General Carl Wilhelm von Heideck gegenüber die »sogenannte Ruhmeshalle« des Architekten. Dann aber beginnt er urplötzlich »ein Gespräch sehr schlüpfriger Art über erotische

Ereigniße früherer Jahre, welcher er sich mit besonderem Wohlgefallen erinnerte«.

In diese Zeit fällt auch die Verehrung der Aschaffenburgerin Carolina Licius. Nach Klenze »ein schönes, aber lüderliches Mädchen«, das »zu manchem kleinen Scandal Veranlaßung gab, und mehrere sehr unpaßende Ernennungen und Beförderungen ihrer Verwandten und Günstlinge veranlaßte«.

Einige Seiten weiter legt der Architekt noch eins drauf: »Es ist nun am wahrscheinlichsten, daß erotische Abspannung es war, welche zunächst diese Sehnsucht nach neuer Liebe herbeiführte, denn seit dem höchst schmutzigen Verhältniße mit der Ma(demoise)lle Litzius und mit einer gemeinen Dirne, welche der Kaserne gegenüber haußte, war dieses stets liebe bedürftige Gemüth ohne besondere Regungen geblieben.«

Man spürt es förmlich: Klenze hat etwas gegen die schöne Stadt Aschaffenburg, wo sein Rivale Gärtner mit dem Pompejanum beauftragt wird. Direkt über dem Main und einem phantastischen Weinhang erhebt sich eine zauberhafte Villa, die an das 79 nach Christus vom Vesuv heimgesuchte Pompeji erinnern soll. Für unseren Memoirenschreiber ist diese Idylle nur eine »gezwungene, manierirte unpaßende Nachahmung eines pompejanischen Stadthauses auf einem Gartenplatz bei Aschaffenburg«. Schließlich der Gipfel der Verunglimpfung: »Kadavröse Antike.«

Das Pompejanum (links) seines Rivalen Gärtner, von Klenze scharf angegriffen. »Kadavröse Antike«, beschimpft er dieses nun wirklich nicht so abstoßende Aschaffenburger Haus hoch über dem Main. Unsignierter Stich.

Lola, der »flammende Meteor«

A m 9. Oktober 1846 melden die Zeitungen die Ankunft der »durch ihre Kraftäußerungen bekannten spanischen Tänzerin Lola Montez«. Klenze, der dieser Schönheit einen großen Teil seiner Memoiren widmet, drückt sich so aus: »Da erschien plötzlich wie ein flammender Meteor die berüchtigte Andalusierin Lola Montez und man sollte glauben, sie hätte diese Abkürzung ihres wahren Nahmens (sie hieß Dolores) angenommen, um nicht das böse Ohmen gleich wenn sie sich nannte, zur Schau zu tragen.«

»Der Zufall wollte«, so fährt der Meister fort, »daß ich gleich von Anbeginn dieses unseeligen Liebesverhältnißes der Vertraute der Vertrauten des Königs in dieser Sache ward, und sie war psychologisch so merkwürdig, daß ich sie hier der vollen Wahrheit gemäß niederschreiben will.«

Klenze hört unmittelbar nach ihrem ersten Auftritt »das Gerücht, daß der König sie für den Saal der Schönheiten malen ließe und es ward mir dieses von dem Hofmaler Stieler bestätiget, bei welchem ich ihr angefangenes Portrait sah und die Einzelheiten über das Liebesverhältniß erfuhr, welches der König mit ihr begonnen hatte«.

Stieler, so vernehmen wir, weilte zum Zeitpunkt, als Ludwig der Schönheit das erstemal in die Augen schaute, gerade in Tegernsee. Es war lange nach Mitternacht, als ihn eine königliche Stafette aufforderte, sofort nach München zu kommen. Er hatte sich seines Mantels noch nicht entledigt, da stand ihm die Dame in einem dezenten Schwarz gegenüber.

Bei allen Sitzungen, so berichtet Klenze weiter, sei der König anwesend. »Der verliebte Enthusiasmus steigerte sich schnell und bis zu den unglaublichsten Ausbrüchen.« Weiter erfahren wir über die »Raserei«

Eine schöne Frau, die gibt, was er liebt. Ludwig I. und Lola Montez, die behauptet, Andalusierin zu sein, in Wirklichkeit aber aus Irland stammt. Seitenweise polemisiert Klenze in einem hemmungslosen Ton gegen diese letzte Mätresse seines Königs. Scherenschnitt aus dem Jahr 1848.

des Königs: »Er versicherte hundert mal, jetzt erst wiße er, was Liebe sei, seine Lola habe ihn als Mensch und als Dichter verjüngt, seine Liebesgedichte überträfen Alles, was er früher hervorgebracht! Sie erhebe ihn über sich selbst, wäre sie also wirklich gefallen, so wolle er sie wieder aufrichten.«

Klenze schildert auch das erste Rendezvous. Sein jüngster Sohn hat den Ablauf in einer Abendgesellschaft selbst mitgehört. Zuerst, so plaudert Lola, wurde Ludwig anzüglich. »Hierauf habe eine Visite der oberen Körpertheile begonnen, welche weiter zu verfolgen das Corset verhindert habe.« Deswegen verlangte der Galan, »daß dieses Hinderniß entfernt werde, worauf M. Montez aber versicherte, das könne nicht sein, weil sie ohne Hülfe einer Kammerjungfer weder ablegen noch wieder anlegen könne«.

Nun versicherte der König, »daß er zu beidem behülflich zu sein alle nöthige Übung und Geschicklichkeit besitze« und macht sich sogleich ans Werk. »Ich habe aber eine Art«, so Lola, »die Schultern in einem Maße zusammenzuziehen, daß es unmöglich ist, mein Korsett zu öffnen, wenn ich es nicht will.« Doch auch jetzt wirft Schürzenjäger Ludwig die Flinte nicht ins Korn. Lola erzählt: »Als diese Anstrengungen des Monarchen der Toilettenbeschaffenheit von oben hinab auf den Grund zu kommen, mißlungen waren, sei der entgegengesetzte Weg eingeschlagen worden – über die Kniebänder hinaus stets noch weiter und weiter!«

Klenze ist entsetzt: »Ein sechzigjähriger König, ein Gatte, Vater und Großvater von acht Kindern und fünf Enkeln, eifriger Religionsvertheidiger, strenger Katholik, Kloster- und Kirchenerbauer beginnt einen Liebeshandel mit einer in halb Europa bekannten und vielfach ausgewiesenen spanischen Hure; sie treibt so arges Spiel mit ihm, betrügt, belügt ihn, macht sich und ihn verhaßt, verleitet ihn zu den ungerechtesten, übereiltesten Handlungen, so daß sie sich den Haß und die Verachtung aller Redlichen und rechtlichen zuzieht.«

Die Willkür geht nach Klenze einfach zu weit. Wer sie verurteilt, hat des Königs Rache zu fürchten. »Und man wagt es noch, Rußland und die Türkey, im Gegensatz zu unseren Zuständen, despotische Länder zu nennen.« Noch lange vor dem Zukünftigen schreibt der Architekt: »Es ist die Sache des Königthums, welche auf dem Spiele steht, daher das Frohlocken derer, die auf den Umsturz der Throne hinarbeiten und die

Ende und Wende der königlichen Mätressenwirtschaft verkörpert Carolina Licius aus Aschaffenburg. Mit der wohl Schönsten seiner Schönheitengalerie (heute Nymphenburg) vertauscht Ludwig einen weiblichen Teufel, der ihn in den Abgrund stürzt. Gemälde von Joseph Stieler.

sich zur Lebensaufgabe gemacht haben, das Königthum in der öffentlichen Meinung zu verderben.«

Doch Ludwig bleibt stur. Er fordert von jedem Gehorsam. Klenze: »Der König war bis zum höchsten Grade der Exaltation in die Hure Lola Montez verliebt, erklärte selbst, durch sie zum erstenmale die Liebe kennengelernt zu haben, und nur in ihrer Gegenwart und Gesellschaft Freude, Befriedigung und Erholung zu finden.« Und er behauptet nach den Worten Klenzes auch: »Jetzt athme, jetzt denke, jetzt lebe er wieder. Diese Liebe erhebe ihn wieder über sich selbst über die gemeine Menschheit, mache ihn wieder zum jugendlichen Dichter, zum Halbgott und selbst in physischer Beziehung wieder zum kräftigen Manne von dreißig Jahren.«

Weiter versichert der König »im höchsten Enthusiasmus, daß ihm gelungen, was nur Göttern zustehe: er habe wirklich das Herz seiner Lola gewonnen.« Ein Gott aber gibt den Menschen nicht nach – und so versteht man auch seine Aussage, »eher den letzten Blutstropfen zu verlieren, als von Lolita zu laßen«.

Und diese Dame spürt tatsächlich, was Ludwig später selbst einräumt, auf dem Liebeslager nirgends eine Leere. Klenze über das Gerede auf der Straße: »Man erzählte sich ihre Liebes-scenen in allem Detail und wie dabei die raffinirtesten Anstrengungen aus der Pariser Schule nach langem Bemühen endlich doch die 60jährige (unleserliches Wort) den Sieg davon getragen hätten.« Und weiter berichtet der Memoirenschreiber: »Man wußte von täglichen Weinbädern, welche der erschöpften Natur des neuen Anakreon aufzuhelfen, angewendet würden.«

Klenze erinnert aber auch daran, »daß der König nie ohne illegitimes Liebesverhältniß gewesen war, deßen Gegenstände oft auf fast eben so niedriger Stufe der Immoralität standen, wie Lola Montez, ohne daß irgendein Minister dagegen remonstrirt hätte, ja, daß einige der jetzt so heftig gegen die Hure des Tages Aufgeregten, oft bei ähnlichen Zuständen die Vertrauten des Königs und sogar die Mitgesellschafter gewesen waren.«

Nunmehr aber vergaloppiert sich der »alte Hurenhengst« total, es gibt keinen Ausweg mehr. Nach Darstellung Klenzes sagt Ludwig: »Ehe ich nachgebe, laße ich mich in Stücke hauen und mein ganzes Königreich in Flammen aufgehen. Die Königin schauderte zurück, obwol es zweifelhaft ist, daß sie die eigentliche Bedeutung dieser Worte: nemlich ehe ich von der Hure Lola laße, kannte und ermeßen konnte.«

Dann nennt Klenze alle ihm bekannten Mätressen des Königs beim Namen. Eine stattliche Liste, kann man nur sagen. Die letzte vor Lola war die zauberhafte Aschaffenburgerin Carolina Licius (22). Klenze: »Nun folgte als würdige Succeßorin Lola Montetz als Cotillon XX.«

Der König korrigiert die Zahl 20 indirekt, indem er klagt, »daß er gar nicht begreifen könne, wie man ihm aus seinem Liebesverhältniß zu Lola solch ein Verbrechen machen könne, da es doch die fünfzigste sei, und da man davon 49 geduldet habe, ohne Etwas dawieder zu sagen.« Welch eine erschütternde Bilanz für seine Ehefrau Therese!

1848: Revolution in München

Lola Montez tobt aber nicht nur im Herzen des Königs, sondern auch in seinem Reich. Wie Klenze berichtet, gehen Ehe- und Gesetzesbruch Hand in Hand. Und er ruft schon sehr verbittert aus: »Bei Gott und in Bayern ist kein Ding unmöglich.« Konkret stellt er fest, wie die Tänzerin bei jeder Umarmung dringende Bitten aus dem Ärmel schüttelt, auf deren Erfüllung sie nicht lange warten will. Es sind nicht die großen Entscheidungen, keine Bier- oder Brotpreiserhöhungen, die den Bayern nicht schmecken, vielmehr zweifelhafte Privilegien und private Vergünstigungen, die ihm Lola abverlangt.

Gerade die Auflistung dieser königlichen Gelübde an die Geliebte erheben die Niederschriften Klenzes zu einem Kronjuwel der weißblauen Geschichtsschreibung. Sie führen nämlich ganz nahe an die Wurzeln der 48er Revolution heran. Schon drei Beispiele, die Klenze überliefert, zeigen uns sonnenklar, wie scheinbare Harmlosigkeiten in die Katastrophe führen können.

Fall eins: Lola Montez verschickt einen Brief, den sie aber wieder zurückhaben will. Sie geht also auf die Münchner Hauptpost und verlangt das Kuvert. Der Postbeamte jedoch weigert sich mit dem Hinweis, das Reglement verbiete ihm die Aushändigung. Klenze: »In Wuth gebracht gab sie dem armen Beamten trotz des Dienstkleides, welches er trug, Ohrfeigen und Fußtritte und verließ – drohend mit des Königs Zorn – die Post.«

Der am Körper und in seiner Ehre verletzte Postler wartet daraufhin mit der Retourkutsche auf und klagt bei der Polizei, von der Lola prompt vorgeladen wird. Doch diese zerreißt den Bescheid und erklärt, sie verstehe kein Deutsch. Eine zweite Ladung mit der Ankündigung, ein Dolmetscher stehe bereit, zerfetzt Lola ebenfalls. Da erhält der Polizeidirektor Pechmann ein Handbillett des Königs, auf dem ihm die Entlassung angedroht wird, falls er nicht sofort einlenke.

Architekt Klenze ist aus dem Lot und schimpft: »In einem Staate, deßen Constitution der König beschworen hatte, und deren Grundprinzip auf Gerechtigkeit, Gesetzlichkeit und Gleichheit vor dem Gesetze beruht, begeht derselbe einer Hure zu Liebe das flagranteste deni de justice, welches man sich denken kann: Ein König, welcher Gerecht und beharrlich zu seiner Devise gewählt hat!« Dann der entscheidende Satz: »So urteilte ein Jeder und man kann sich denken mit welchem Gefühl der Erbitterung!«

Fall zwei: Lola beginnt in einer Münchner Gaststätte eine Rauferei und wird dabei leicht verletzt. Aus Angst vor einer empfindlichen Verurteilung seiner Mätresse leitet der König (in einem beispiellosen Verfahren) die polizeiliche Untersuchung selbst. Man kann die Frau beim besten Willen nicht freisprechen. So ergeht das Urteil, wonach die Täterin einen eintägigen Hausarrest erhält, die von ihr verprügelten Münchner müssen dagegen eine knappe Woche ins Gefängnis. Dann der Gipfel: Nach diesem Spruch begnadigt der König seine Lola, die Gefängnisstrafe ihrer unschuldigen Kontrahenten wird auf seine Anweisung hin noch verstärkt.

Fall drei: In der Nähe des Münchner Doms stürzt Lolas Hund auf einen Mautknecht. »Wie begreiflich wehrte sich dieser mit einem Fußtritte und erhielt in demselben Augenblicke eine tüchtige Ohrfeige von der zarten Hand der guten Mademoiselle Lola«, schreibt Klenze. Darauf schlägt das Opfer zurück, und schon ist »eine Maß Volk versammelt, welches in Wuth auf sie zustürzend rief: schlagt das Saumensch tod.«

Die stets wachsamen Gendarmen verstecken vor dem sich anbahnenden Straßentumult den königlichen Goldschatz im Haus eines Silberarbeiters. Was aber macht Liebhaber Ludwig? Klenze: »Der arme gebißene und geschlagene Mauthknecht ward arretirt und der König dringt auf exemplarische Bestrafung dafür, daß er sich nicht geduldig beißen und prügeln ließ.«

Die Liste und Litanei Klenzes ist aber noch lange nicht erschöpft. So verlangt Lola Aufträge für den ihr nahestehenden Architekten Metzger. Weiter will sie den sardischen Gesandten und einen englischen Touristen aus München ausweisen lassen, sie mischt sich in die Architektur des neuen Bahnhofes ein, fordert die Versetzung braver Beamter und betreibt die Beförderung ihrer Schmeichler. Einen Geschäftsmann hat der König öffentlich zurechtzuweisen, weil sie bei ihm ihre Rechnungen nicht bezahlen will. »Eine verworfene, venerische Hure« nennt sie Klenze und behauptet, »daß Lola und Lüge Synonyma sind«.

Wie er sind auch die meisten Bayern über den König und seine Lü-
genbaronin entsetzt. Klenze: »In allen Zirkeln war von Nichts mehr die
Rede, als von diesem Liebesdrama und, um sich freier darüber unterhalten zu können, nannte man den König nur Herr Mayer und die Mademoiselle Montez, Fräulein Steigenberger.« Die Depeschen der Gesandten sind voller Anspielungen. Im Jahr nach Lolas Ankunft schreibt
der preußische Gesandte Bernstorff über Ludwig I.: »Seine Geliebte
macht ihm das Leben so sauer, daß er wohl mehr Verdruß als Genuß
davon hat. Dennoch ist er so tief gesunken, daß er unmöglich jemals die
Kraft haben kann, sich selbst wieder aufzuraffen.«

Klenze kann das nur bestätigen und führt den Besuch des Herzogs
Max von Leuchtenberg, seines in Petersburg verheirateten Neffen, in
der Münchner Residenz an. »Da trat der König wüthend zu einem
Schachbrette, welches auf einem nahen Tische stand, und rief, daßelbe
mit geballter Faust zusammenschlagend, aus: Aber Max! ich will und
muß es durchsetzen, und sollte es mich Thron und Leben kosten.«

Der junge Mann, dessen Kaisersaal seines Schlosses in Ismaning
Klenze gerade neu gestaltet, schildert seinem Architekten »seinen Eckel
und Erstaunen bei dieser Scene«. Zu dem tobenden König sagte er nach
eigener Darstellung: »Ihre Majestät! Wir leben in einer Zeit, wo die Könige leicht in die Lage kommen können, für ihren Thron ihr Leben ein-
setzen zu müßen.« Der so Angesprochene fährt seinem Gast aus Petersburg in die Rede und erwidert: »Möglich! Möglich Max, daß du Recht
hast!« Dann »verließ er laut ausrufend das Zimmer.« Seine Worte: »Aber
ich muß, ich muß, ich muß meinen Willen durchsetzen.« Auf die Vor-
haltung anderer, ein König habe auch sich selbst zu beherrschen, fragt
er in beispielloser Verblendung: »Entbehrt die Königin Etwas?«

In einem Brief an den Breslauer Erzbischof Diepenbrock (1798-
1853) wird er noch geschmackloser. Klenze zitiert: »Ich bin König aber
ich bin auch Dichter und lege auf meine poetische Anregung und Begeisterung einen hohen Werth; diese aber finde ich am sichersten im
Umgange mit dem schönen Geschlechte. Deßhalb, ich leugne es nicht,
habe ich stets mit weiblichen Wesen Bekanntschaften unterhalten, jedoch nie Maitressen gehabt.«

Und Ludwig fährt in seinem Lügengeflecht fort: »Mein Verhältniß
zur M(ademoise)ll Montez hat nie Veranlaßung zu öffentlichem Skan-
dal gegeben und daß hiezu auch keine Veranlaßung war, möge daraus

erhellen daß ich hiemit mein königliches Wort gebe, nun schon seit vier Monathen, Ja es sind fast 5 Monathe, weder mit der Königin noch mit irgendeinem anderen weiblichen Wesen den Beischlaf gepflogen zu haben.« Sein »Verhältniß zur Sennora Montetz« werde er niemals abbrechen. »Das Herr Erzbischoff ist und bleibt für alle Zeiten unmöglich.«

Der Inhalt wird bekannt, weil Ludwig allen bayerischen Bischöfen eine Abschrift zusendet. Klenzes Meinung: »Der Tadel seiner Liebe aus dem Gesichtspunkte der Moralität und Religion war ihm lästig; es galt diesen zu beseitigen, und er zögerte nicht, die Decke des königlichen Ehebettes vor aller Welt hinweg zureißen und dem ganzen Publikum zu zeigen, was darin seit 4 – 5 Monathen geschah und nicht geschah: von dem königlichen Ehebette, worin 1 und 1/6 Jahrhundert zusammenruhten.«

»Stolz und doch zugleich hingebend«, so preist Ludwig sein Gspusi Lola (im Bild in spanischer Tracht), der er viel gibt und vergibt. Sie dagegen bringt ihn um die Krone. Lithographie von P. Dartiguenave.

In München steht so Anfang 1848 eine grandiose Opposition gegen den Monarchen. Bischof, Bürger und Bauern sind sich einig: Ludwig soll abdanken. Die Berichte des Preußen Bernstorff werden immer prophetischer. Er schreibt über den Wittelsbacher: »Er wird allgemein für ganz oder halb wahnsinnig angesehen und es bedürfte nur des geringsten Anstoßes, um ihn zu entthronen.« Ludwig will indes nicht verstehen, warum man zwar seine Amouren akzeptiert, nicht aber seine krummen Touren.

Diese Uneinsichtigkeit führt schließlich zu den Märzereignissen 1848. Zunächst teilt Ministerverweser Berks dem König mit, er habe Beweise von der Existenz eines Bürgertribunals, das Lola bereits zum

77

Tode verurteilt hat. Der Galan auf dem Thron sitzt nun wirklich zwischen allen Stühlen. Schrecklich der Gedanke, den hübschen Körper seines Schätzchens missen zu müssen. Und das Revolutionsgericht verkündet auch, was mit der exekutierten Geliebten passiert. Man werde exakt eine Stunde nach Ablauf des Ultimatums ihre Leiche auf der Residenzstraße »an den Haaren vorbeischleifen«.

Architekt Klenze ist bei der Übermittlung dieser Nachricht dabei und schreibt: »Des Königs Gesichtszüge verzogen sich krampfhaft und er sagte zorn- oder furchterfüllt: was, was wagen Sie mir da zu sagen?« Berks wiederholt nun wörtlich die Nachricht von der bevorstehenden Hinrichtung der Mätresse. Da schießt dem König der Gedanke durch den Kopf, sofort das Militär in München einmarschieren zu lassen. Sicherheitshalber fragt er vorher den Kommandanten, ob er sich auf sein Heer, das ja den Eid auf den König leistete, verlassen könne. Und er erhält die entwaffnende Antwort, Armeen seien nicht für Amouren zuständig. Für Lola, so erklärt der Befehlshaber, »drückt kein Soldat das Gewehr los oder zieht den Säbel.«

Aus Angst um das Leben der Lieben verkündet Ludwig sofort die Ausweisung Lolas. Klenze: »Der Jubel überstürzte sich, und es war dem König noch ein Moment gegönnt, wo er sich wieder mit seinem guten gouvernablen Volke hätte versöhnen können.« Er spricht von einem Wunder, fährt jedoch in seinem Tagebuch fort: »Aber man kann auch hier sagen: es geschehen keine Wunder mehr.«

Lola weigert sich zunächst, aus ihrem Liebesnest an der Barerstraße zu fliehen. Erst als ihr Ludwig die »ewige, unverbrüchliche Treue« verspricht, gibt sie nach und verschwindet in Richtung Lindau. Vorher pickte der vogelfreie Star aber noch »alle Diamanten und sonstige Errungenschaften kloacinischer Erotik« zusammen, erzählt Klenze.

Am 4. März 1848 marschiert eine mehr schlecht als recht bewaffnete Bürgerwehr in München ein, um die Residenz in Brand zu stecken. Da reitet den Freischärlern plötzlich auf dem Promenadeplatz der populäre Prinz Carl, Bruder des verteufelten Königs, entgegen. Er schreit, Ludwig sei bereit nachzugeben, schon am 16. März soll mit einem Reformwerk begonnen werden. Während seiner Rede hält er ein königliches Billett in die Höhe. Augenzeuge dieses Auftritts ist Klenze, der den aufgebrachten Menschen erklärt, die Schrift auf dem Zettel sei eindeutig und ohne Zweifel die des Königs. Jetzt geschieht das Wunder doch.

Die Revolutionäre und Gewehre verschwinden von der Straße.

Da geht in der Nacht vom 8. auf den 9. März der Polizei ein großer Fisch ins Netz: Lola Montez kam zurück. Man liefert sie sofort in die Arrestzelle an der Weinstraße, in der prompt Ludwig erscheint. Ein letztes Rendezvous! Am 9. März ist dann zwischen Altem Peter und dem Liebfrauendom die Hölle los. Eine neue Bewaffnung kann in allerletzter Sekunde verhindert werden. Die Polizei verbreitet nämlich nach Darstellung Klenzes die Nachricht, »der König habe die Gefangene auf das Härteste behandelt, ja mißhandelt, ihr mit ernsten Drohungen verboten, die Stadt noch einmal zu betreten.« Nichts als Lügen, stellt sich schnell heraus.

Klenze ist darüber entsetzt und kommentiert: »Das Alles machte nun auch den Glauben an das wankend, was die Polizei über den schlechten Empfang Lolitas von Seiten des Königs verbreiten ließ, und da brach die letzte Stütze seines Thrones, die letzte Spur von Anhänglichkeit und Achtung zusammen.« Fazit des Architekten: »Er konnte nicht mehr regieren.« Jetzt hallt es in den Straßen: »Fort mit der Hure, fort mit dem Huren König.«

Am 19. März 1848 dankt Ludwig ab, am Tag darauf wird das entsprechende Patent veröffentlicht. Er habe so regiert, »als wenn ich eines Freystaates Beamter gewesen«, schreibt der gewesene König. Auf den Freistaat müssen die Bayern jedoch noch genau 70 Jahre warten. Wir halten aber fest: Ludwig, der Herrscher über das sonst an Gehorsam gewöhnte bayerische Volk, ist der einzige deutsche Fürst, der noch im Revolutionsmonat März von der politischen Bühne abtritt. Wie schrieb doch Klenze 1846? »Bei Gott und in Bayern ist kein Ding unmöglich!«

Thronverzicht Ludwigs I., unterzeichnet am 20. März 1848. »Eine neue Richtung hat begonnen«, so beginnt er sein Schreiben, das man als Ouvertüre zum Ende der Wittelsbacher-Herrschaft umschreiben könnte. Genau 70 Jahre später wird die Dynastie gestürzt.

Ludwig steht nun buchstäblich vor einem Scherbenhaufen. Wie glücklich er mit Lola war, kann er bis zu seinem Lebensende in seinem Notizbüchlein nachlesen. Darin enthalten sind mehrere seiner Gedichte an die Geliebte. Wir wissen nicht, wie Klenze, der uns die Verse überliefert, in deren Besitz kommt.

Leuchtend himmlisch blaue Augen
Wie des Südens Äther klar.
Die in Seligkeit uns tauchen –
Weiches, glänzend schwarzes Haar.

Heitern Sinnes, froh und helle,
Lebend in der Anmuth hin –
Schlank und zart wie die Gazelle
Ist die Andalusierin.

Stolz und doch zugleich hingebend
Ohne Rükhalt Herz für Herz,
In der Liebe Gluthen schwebend
Höchste Wonne, höchster Schmerz.

Voller Geist und voller Leben
Heftger Leidenschaftlichkeit
Ist dein Wesen, ist dein Streben
Vom Alltäglichen befreit.

In dem Süden ist die Liebe,
Da ist Licht und da ist Gluth!
Und in stürmischem Getriebe
Stürmet der Gefühle Fluth.

Wonnemeer die Seelen trinken,
Tönt zur Zither dein Gesang;
Hin zu deinen Füßen sinken,
Machet deiner Stimme Klang:

*Auf's Entzükendste erscheinest
Du in deiner Anmuth Glanz –
Hoh' und Liebliches vereinest
Reizend du in einem Kranz*

Auf Lolita

*Nicht den Geliebten kannst du betrüben, dir fremd sind die Launen,
    Treibst mit dem Liebenden kein quälendes, grausames Spiel.
Selbstsucht kennst du nicht hingebendes göttliches Wesen;
    Gut ist dein liebendes Herz, treu dein wahrhaft Gemüth.
Glücklich willst du den sehn, der dich liebt, dann bist du es selbsten;
    Weiß es der Liebende gleich, immer doch hört er's erfreut,
Daß geliebet er wird, daß ewig das Herz ihm gehöret;
    Nicht wie's von Andern geschah bist du darüber ihm still,
Auf das Neue als sagst du dem Liebenden, daß du ihn liebest;
    Dieses Alte ertönt immer beseeligend neu.
Tropfen der Seligkeit in ein Meer von bitterem Leide
    Die Italienerin gab. Seligkeit, Seligkeit nur
Läßest du mich entzükend begeisternd beständich empfinden.
    In der Spanierin fand Liebe und Leben ich nur! –*

Anmerkung Klenzes zu diesen Versen: »Sie sind voller Sprachfehler und Gedanken, welche fast empörend genannt werden können.« Immerhin sei Lola eine »abgelebte Bordelhure«. Und weiter: »Wenn man sich nun wie ich, der Äußerungen des Königs über die ewige unvergängliche Liebe zu der schönen Marianna von Perugia erinnert, so wird man auch seine jetzigen Schwüre ewiger Liebe für die schöne Lola von Sevilla nicht höher anschlagen, als sie werth sind.« Mit dieser Marianna ist die oben erwähnte »Italienerin« gemeint, die er jetzt schlecht macht. Verse wie »Stolz und doch zugleich hingebend/ Ohne Rükhalt Herz für Herz« und die Etikette für Lola »Hingebendes göttliches Wesen« verraten schon sehr deutlich den Grad dieser Liebschaft. Daß Lola nicht aus Sevilla stammt, weiß Ludwig noch nicht. Vermutlich kann er besser Spanisch als sie.

DER BÖSE SOHN AUF DEM THRON

Schon zwei Tage nach der Abdankung bittet Ludwig seinen Architekten, ihn zu besuchen. Klenze: »Ich leugne es nicht, tiefgerührt trat ich vor einen Mann, der seit 32 Jahren einen so großen Einfluß auf mein Leben ausgeübt, deßen große und treffliche Natur, Anlagen und Geistes Kräfte ich so wohl erkannte und den ich nun als ein unwürdiges Opfer vernachläßigter, mißverstandener Erziehung, verschrobener Begriffe und übler Gewohnheiten den infamen Intrigen und Lügen einer Bordellpriesterin Ludwigs unwiederbringlich zum Opfer gefallen, vor mir stehen sah.«

Des Ex-Königs erste Worte lauten: »Klenze, ich bin nicht herrschsüchtig und habe, so wie die Sachen standen, die Krone ohne ein anderes, schmerzliches Gefühl niedergelegt, als das, den Bau meiner lieben Befreiungshalle aufgeben zu müßen, denn meinem Sohn habe ich ein solches Unternehmen nicht aufbürden können und mir fehlen in Zukunft doch die Kräfte dazu! Ein Denkmal der glorreichen Erinnerung an die einzige Zeit aufgeben zu müßen, wo die Völker Deutschlands einmal wirklich einig und in dem edlen Streben vereinigt waren, sich von fremder Zwingherrschaft loszumachen! Nein, es ist zu schmerzlich.«

Kurz darauf spricht Ludwig mit dem Bildhauer Leeb »und ergoß sich unter einem Strom von Thränen in Klagen gegen das abscheuliche münchner Publikum, deßen Tollheit ihm seine geliebte, gute Lolita geraubt und ihr mit kanibalischer Wuth den Todt, den Todt, rief er aus! Lieber Leeb, den Todt, diesem Engel, gedroht hätte.«

Jetzt will er zu ihr, die ihn um den Thron gebracht hat. Doch es weht ihm ein scharfer Wind ins Gesicht. Sein Sohn und Nachfolger Maximilian II. verbietet dies »in Form der Reisepaß Verweigerung«. Er kann also nicht zu der in die Schweiz geflohenen Lola kutschieren, was ihn sehr hart trifft, und eilt so abermals zu Leeb, »bei welchem er die Büste der Vergötterten in karrarischem Marmor bestellt hatte, und verlangte das Gypsmodell derselben zu sehen«. Klenze: »Unter bitteren Thränen umarmte und küßte er daßelbe so lange und so innig, daß er im Gesichte fast so weiß, wie das Gypsbild selbst wurde und rief schluchzend aus: Also soll ich dich noch nicht wiedersehen, Geliebte!«

Doch Zeit heilt, lautet ein altes Sprichwort. Schon im Sommer 1848 sagt Ludwig »mit Händeringen« zu Maler Stieler: »Welch ein Unglück, daß gerade ich an solch ein Weibsbild gerathen mußte. Während sie mir Liebe heuchelte, wollte sie nur Geld von mir; sie hat mich um zwei kostbare Dinge gebracht: um eine poetische Illusion und um meinen Thron.« Ludwig soll Lola nie wieder sehen!

Aber ihre Bilder – eines davon an exponierter Stelle. Exakt 1848 wird das letzte der fünf »Bayernfenster« im Kölner Dom fertig. Es zeigt die

Bavaria und Ruhmeshalle über der Münchner Theresienwiese. Unsigniertes Bildnis aus einer Zeitschrift (um 1890/1900). Antiquariat Salzburg.

83

Steinigung des heiligen Stefan. Wir erinnern uns, im Frühjahr drohte man Ludwig, die Fenster der Residenz mit Steinen einzuschmeißen. Ob da Zusammenhänge bestehen? Jedenfalls eines erkennen wir: Ganz rechts auf dem Fenster schaut eine junge hübsche Frau im roten Kleid der Liebe dieser Barbarei zu: Lola Montez. Und dieses Bild soll Ludwig noch einmal sehen (müssen).

Als ein Martyrium so ganz anderer Art sieht Ludwig zu Hause die Art und Weise, wie ihn sein Sohn behandelt. Ständige Streit- und Scherereien! Nach Klenze schwindet »das gute Einvernehmen zwischen Vater und Sohn«, vor allem wegen der »Paßverweigerung«. Dann der Zwist wegen der »Thronentsagungsacte, bei denen mir die ebenso schwierige als undankbare Rolle des Vermittlers zufiel«. Nach diesem Papier hat sich Maximilian verpflichtet, »die begonnenen Malereien Hiltenspergers und Schnorrs in den sogenannten Odyßen- und Niebelungensälen, auch die begonnenen Bauten der bayrischen Ruhmeshalle, des Siegesthors am Ende der Ludwigstraße und die innere Ausschmückung des Domes von Speyer zu vollenden«.

Die (eben erwähnte) Befreiungshalle, die Gärtner († 1847) nicht vollenden konnte und daraufhin dem sich sträubenden Klenze anvertraut wurde, und die Propyläen, so erklärt Ludwig, seien nicht in dem Katalog enthalten, »müssen also aufgegeben werden, so leid es ihm auch thäte«. Unverzüglich werden die Maurer an beiden Baustellen entlassen.

Bald jedoch soll wieder alles ins rechte Lot kommen. Klenze staunt nicht schlecht, als er die Mitteilung erhält, für die Propyläen seien Gelder vorhanden. Eines Tages, so berichtet er weiter, »schickte der König Ludwig ganz früh Morgens zu mir und ließ mir sagen, augenblicklich und so wie ich auch angekleidet sein möchte, zu ihm zu kommen.« Kurz nach der Anmeldung »lief er mir schon bis in das erste Vorzimmer entgegen, faßte mich bei den Schultern, sprang wie ein Beseßener herum und rief einmal über das Andere aus: Klenze, mein lieber Klenze! Nein! Nein! Ich brauche es nicht aufzugeben.«

Der so Angesprochene weiß überhaupt nicht, um was es geht. Da fährt Ludwig in seinem Enthusiasmus fort: »Sehen Sie! Ich habe gerechnet und gerechnet und heute morgen einen Augenblick, ehe ich Sie rufen ließ, gefunden, daß ich meine liebe Befreiungshalle dennoch fortbauen kann, wenn Sie nur noch einige Modifikationen in der Ausführungsart eintreten laßen können.«

Der jetzt 64jährige Klenze hat also noch ein großes Pensum zu absolvieren. Dazu kommt noch die Ausgestaltung des Kaisersaales im Ismaninger Schloß. Sie bestellt und bezahlt Herzog Max von Leuchtenberg, der Mann von Marie Auguste, der schönen Russin von Petersburg. In diesem Schloß wohnt Auguste Amalie, Mutter von Max und Schwester Ludwigs.

Viele der Motive (Sphingen, Musikinstrumente, Ornamente, Masken, Blumen usw.) gleichen denen in der Eremitage aufs Haar.

Als erstes der nachrevolutionären Königsbauten wird dann das Ensemble auf der Theresienhöhe fertig. 1850 Einweihung der Bavaria. Die Münchner arrangieren »ein großes Bürger- und Künstlerfest als Ovation für den König Ludwig«. Sohn Maximilian II. hätte diese Feier am liebsten verboten. Zornig sagt er zu Klenze, nach der Vollendung der noch nicht ganz fertigen Ruhmeshalle gebe er ein Fest, »deßen Held nicht der abgedankte, sondern der regierende König von Bayern sein würde«. Dieser Neid wird vom Schöpfer der Bavaria bissig kommentiert. »Dem König Ludwig traten vor Rührung die Thränen in die Augen und ich glaube, in ganz München war nur ein Unzufriedener und Mißvergnügter.«

In diesem Zusammenhang stößt auch Klenze ein Hoch auf Ludwig I. aus. Er erinnert sich kurz der vielen Launen und Laster, der im Übermaß vorhandenen Selbstherrlichkeit und fehlenden Selbstbeherrschung und meint dann: «Trotz alle dem glaube ich, nicht zu viel zu sagen, wenn ich behaupte, daß vielleicht seit Perikles, Augustus und Lorenz von Medici, es keinen Herrscher gegeben hat, welcher mit wacherem, aufrichtigerem Enthusiasmus das Große in der Kunst gefühlt und gefördert hat als der König Ludwig und daß kein Fürst so unmittelbar und kräftig, und schnell eine neue Kunstepoche in Europa hervorgerufen und belebt hat.«

Dieser Laudatio kann sich Sohn Maximilian nicht anschließen. Ihm gefallen weder Propyläen noch Befreiungshalle, die er einen »unbegreif-

Lola Montez im roten Kleid der Liebe schaut der Steinigung des heiligen Stefan zu. Das letzte der Bayernfenster im Kölner Dom wird im Revolutionsjahr 1848 fertig und eingesetzt.

85

lichen Gedanken« nennt. »Für einen König höchst unpolitisch«, konstatiert Klenze. »Dabei wiederholte er (Maximilian) die bestimmteste Versicherung, nie und unter keiner Bedingung irgendetwas für die Vollendung oder die Erhaltung aller Anlagen und Sammlungen seines Vaters thun zu wollen und zu können.« Und weiter: »Meinetwegen mögen sie als Ruinen liegen bleiben und zu Ruinen zerfallen, ich thue und gebe nichts, gar nichts dafür.« Als Klenze meint, die Kosten der Propyläen könnte die Residenzstadt übernehmen, antwortet Maximilian II. verärgert: »So? Dazu wäre doch wohl erst meine Erlaubniß nöthig und die werde ich nicht geben.«

Eines Tages bittet Klenze den neuen König, die weltweit einzigartigen Kunstsammlungen, die »Bayern und seiner Hauptstadt so großen Ruhm, so bedeutende materielle Vortheile gebracht hätten und noch stets bringen würden«, nicht verkommen zu lassen. Daraufhin meint der König erregt: »Was habe ich davon?« Und auf die Frage, was aus diesen Sammlungen denn dann werden solle, kommt die Antwort: »Das ist mir vollkommen gleichgültig, man soll sie verkaufen, versteigern, verschenken, ich will nun einmal Nichts davon wißen. Ich denke an meine Schöpfungen.«

Wie ist es da woanders so ganz anders! Wir sind im Jahr 1851. »In Petersburg«, so entnehmen wir den Erinnerungen des großen Architekten, »fand ich bei dem Kaiser Nikolaus die gewohnte unendlich liebenswürdige Aufnahme, die größten Lobsprüche über meine dort ausgeführten Werke und endlich eben so ehrenvolle als reiche Belohnung, woran mich der König Ludwig so wenig gewöhnt hatte.«

Zunächst Entsetzen über die Isaak-Kirche, nach Darstellung des Zaren »ein scheußliches, in Öl zubereitetes Omelette«. Über die Eremitage schreibt Klenze in seinen Erinnerungen nichts. Doch der Abschied zeigt, welche Hochschätzung ihm dafür das Zarenpaar gewährt. »Die Kaiserin trat heran und mahnte zum Aufbruch; ich küßte ihr die Hand, der Kaiser umarmte und küßte mich nach rußischer Art.«

Die Eremitage ist Klenzes bedeutendster Bau. Weltweit bekannt, und doch weiß man so wenig über Planungen, Phantasien und Programme dieser Schöpfung. Klenze schreibt auch ein Büchlein darüber. In Deutschland gibt es davon nur noch ein einziges Exemplar. Von ihm nennt der Verfasser eine Kopie sein eigen. Stiche daraus zeigen, wie Klenze seine Kunst beherrscht (Seite 62 und 64).

DER KAMMERDIENER
UND DIE KÖNIGIN

Bayerns »Märchenkönig« Ludwig II. wirft seiner Mutter Marie (geborene von Preußen) vor, »ihn nicht aus der Ehe mit König Max empfangen zu haben«. Der dies so schreibt, ist der preußische Gesandtschaftssekretär in München, Philipp zu Eulenburg-Hertefeld, und besagter König Max niemand anders als der Sohn und Nachfolger Ludwigs I. Dieser Meinung des »Märchenkönigs« schließt sich indirekt auch der letzte bayerische König Ludwig III. an. Ganz konkret sagt er 1913 am Münchner Stammtisch zu dem großen Ingenieur Oskar von Miller, Ludwigs II. Bruder, der noch lebende Otto, sei nicht der Sohn des Maximilan II.

Dazu folgender historischer Hintergrund: Maximilian II., 1811 als erstes Kind des damaligen Kronprinzenpaars Ludwig und dessen Frau Therese (von Sachsen-Hildburghausen) geboren, holte sich auf seiner Kavalierstour 1835 ein schweres Unterleibsleiden. Eine Budapester Bademagd steckte ihn an. Auch der Dichter Oskar Maria Graf vom Starnberger See weiß Bescheid. Ansonsten hört man im Königreich immer wieder Stimmen, wonach der mit Marie von Preußen verheiratete König wegen dieser Krankheit nicht der Vater der beiden Prinzen Ludwig und Otto sein kann. Dieser Meinung schließen sich auch die beiden Münchner Professoren Karl Alexander von Müller (dessen Vater bayerischer Innenminister war) und dessen Schüler Karl Bosl an.

In seinen Erinnerungen zitiert nun Klenze zunächst den Hofmedikus Herz, der schon in den frühen 40er Jahren mit einer bitteren Pille aufwartet und diagnostiziert, »daß wol alle Kinder des Königs (gemeint ist Ludwig I.) unfruchtbar bleiben würden«. Der Wittelsbacher, den die Kinderlosigkeit seines Sohnes Otto (von Griechenland) tief trifft, glaubt nun fest, »daß die Schuld jener unseeligen Unfruchtbarkeit nicht seiner Succession zugeschrieben werden dürfe«. Klenze spricht in diesem Zusammenhang nur von »unhaltbaren Illusionen«.

Als sich dann immer mehr andeutet, die Wittelsbacher werden die griechische Krone wegen fehlender Erben verlieren, versucht König Maximilian II., wie in den Klenze-Memoiren zu lesen ist, seine Familie ins Spiel zu bringen. Der 1845 geborene Ludwig II. scheidet aus. Otto (Jahrgang 1848) könnte aber die Residenz in Athen beziehen. Um nun ganz sicher zu gehen, so schreibt Klenze, bräuchte man noch mehr Nachwuchs.

So sucht man »bei den Ärtzten Rath und Hülfe, um die Zahl dieser Söhne, welche jetzt bei nur 2 Prinzen, etwas klein schiene, zu vermehren«. Jeder weiß, an der Königin Marie liegt es nicht. Doch es wird am Hof getuschelt. Nicht umsonst erklärt Klenze: »Es ist dieser Wunsch so glaubwürdig, daß ich nicht anstehe, denselben hier anzuführen, da ich keinen Grund habe, seine Richtigkeit zu bezweifeln.«

Die späteren Tagebucheinträge des Architekten sprechen nun wieder eine ganz andere Sprache. Irgendetwas stimmt nicht. Vor allem fragt sich Klenze, warum Maximilian II. seinen Vertrauensmann, den im Volk so verachteten Franz Dönniges (34) aus Stettin, nicht in die Wüste schickt. Es müssen, so schließt der Architekt, »okulte Verhältniße und Verknüpfungen« bestehen, die den kranken König in seiner Entscheidung fesseln. Und der Memoirenschreiber fährt fort: »Außer Liebes- und Affectionsverhältnißen müßten auch noch wohl andere bestanden haben.«

Was meint er mit diesen »Liebes- und Affectionsverhältnißen«? Spielt er damit auf die grauenhafteste Fama Bayerns an? Sie besagt: Ein fremder Mann verhilft der trunken gemachten Ehefrau Maximilians II. zur Mutterschaft. Offensichtlich wissen Dönniges und der Kammerdiener Tambosi Bescheid. Klenze erfährt nämlich zufällig von Schmiergeldern. Konkret findet er »von dem Jahre 1848 an, wo König Max den Thron bestieg, regelmäßig alle Monathe eine Ausgabe von 1000 Gulden«. Der Titel lautet lapidar: »An H.R. Dönniges für geheime Zwecke.«

Gleichzeitig erhält nun Klenze »Mittheilungen über die Ursache der Kränklichkeit des Königs von einem seiner früheren Bediendten«. Doch dieser Kronzeuge wird schnell zum Schweigen gebracht. Von einem Wildschützen, der ihn niederstreckt! »Ich will diese Details hier nicht wiederholen«, erzählt der Architekt dann weiter, »sie gehören einer Jugendepoche des Königs an.« Alles klar, der Autor bestätigt in diesem Falle die alten Vermutungen.

Doch jetzt kommt doch eine überraschende Aussage. Klenze schreibt, diese »Details« beweisen die Richtigkeit eines oft wiederholten Zitats des unglücklichen Königs Maximilian II. Es betrifft den aus

Das Klischee Lot und seine Töchter, in Adelskreisen oft nachgeahmt. Das Prinzip läuft immer darauf hinaus, einen Partner betrunken zu machen, um sich an ihm anschließend zu vergehen. Miniatur von Hans Mielich.

»Welschtyrol« stammenden Kammerdiener und lautet: »Ich weiß sehr wohl, daß Tambosi der schlechteste Kerl in meinem Staate ist, aber ich kann ihn gar zu gut brauchen.« Für was bitte?

Der Autor schreibt nun dazu: »Ob aber ein solches Thun zum Guten führt, laße ich dahin gestellt sein.« Ludwig, der die ganze Misere kennt, zeigt sich über solche Äußerungen aber entsetzt. Zu Klenze sagt er nämlich einmal über seinen Sohn Maximilian: »Ja, aber warum ist er denn so kränklich, war er doch ein so kräftiges, schönes, gesundes Kind. Sehen Sie nur selbst, fügte er mehreremale hinzu, indem er mir das auf einen Stockknopfe gemalte Bild seines Erstgeborenen zeigte, sehen Sie nur, welches Bild der Gesundheit!«

Andeutungen und Aussagen Klenzes lassen also auf eine brutale Manipulation größeren Formats in der Königsfamilie schließen und passen in den bisherigen Forschungsstand. Das Muster ist uralt und schon in der Bibel nachzulesen. Lot und seine Töchter (1. Mose 19,32). Auf vielen Bildern dargestellt: Die hübschen Damen berauschen ihren Vater Lot und vergehen sich an ihm.

Umgekehrt im Königreich Bayern: Nachdem man die Königin trunken gemacht hatte, braucht man den »schlechtesten Kerl« namens Tambosi. Ohne ihn gibt es keine weiteren Nachkommen. Der königliche Ehegemahl ist, wie gesagt, schwer leidend und seine Krankheit, die er sich im Verkehr mit einer Budapester Bademagd geholt hatte, ansteckend. Nachweislich wird Königin Marie nie infiziert. Somit hat Ludwig II. recht und keine verwandtschaftliche Beziehung zu Maximilian II.

89

Letzte Jahre des Genies Klenze

1854 schwerer Glockenklang in München. Eines der letzten Opfer der Cholera ist Königin Therese, Ludwigs duldsame Frau seit 1810. Die Ehe war unglücklich, der Gatte ließ sich sogar zu Tätlichkeiten hinreißen. Wegen seiner vielen Affären durfte sie ihn kaum auf seinen Reisen begleiten. Nach dem Sturz war man allerdings gemeinsam im Schloß Edenkoben in der Pfalz und in Köln, wo man die »Bayernfenster« (mit Lola auf einem Bild) bestaunte.

Jetzt, da Therese tot ist, wird mit ihr das unwürdige Spiel fortgesetzt. Es geht um den Ort der Bestattung und die Gestalt des Sarkophages. »Als Platz dafür hat er eine Kapelle der von ihm erbauten Bonifazius Kirche ausersehen«, schreibt Klenze. Dieses von dem Regensburger Ziebland entworfene Gotteshaus gilt im 19. Jahrhundert wegen seiner üppigen Ausmalung als der schönste moderne Sakralbau in Deutschland. Klenze schlägt nun »einen Sarkophag nach dem Vorbilde der im Dome von Palermo befindlichen Grabmale der normannischen Herrscher« aus einem »schönen, reichgefärbten Marmor« vor. Ludwig will das aber nicht und legt Klenze ständig Steine in den Weg. Schließlich zwingt er ihn, auf Untersberger Marmor auszuweichen.

Doch dann durchkreuzt die katholische Kirche die königlichen Pläne, berichtet Klenze. Therese war evangelisch, ergo hat ein mit ihrem Namen ausgewiesener Sarkophag in St. Bonifaz nichts verloren. Als dies Ludwig von seinem Architekten erfährt, ist »er im höchsten Grade aufgebracht über die wortbrüchigen, undankbaren Pfaffen«.

Er will nun »das Begräbnißprojekt in der Kirche ganz aufgeben und eine eigene Grabkapelle zu dem Zwecke gemeinschaftlichen Begräbnißes erbauen laßen«.

Dazu Klenze: »Mit Mühe konnte ich ihm begreiflich machen, daß dieselbe Schwierigkeit in jedem katholisch eingeweihten Raume, worauf doch er, als ein so guter Katholik niemals Verzicht leisten wolle, sich wiederholen würde.«

Nach langen Diskussionen wird nunmehr die Kurie in Rom in den Fall eingeweiht. Und dort hat man nach Darstellung Klenzes die Ein-

gebung, »den Sarg der Königin unter dem Kirchenboden in ein eigenes Grabgewölbe zu verschließen und darüber ein Marmordenkmal zu errichten.« Kurz bevor Ludwig diesen Vorschlag des Vatikans absegnet, macht ihn Klenze aber darauf aufmerksam, daß auf keinen Fall eine »sichtbare Inschrift in der Kirche, das Begräbniß einer Akatholikin bezeichnen dürfe«. Ludwig wird jetzt wütend. Wieder geht die Sache nach Rom. Dort bietet man Ludwig schließlich einen unseligen Kompromiß an. Über dem im Keller deponierten Sarg der Königin soll sich »ein Sarkophag als zukünftiges Grabdenkmal für ihn selbst« erheben. Mit Engelszungen redet nun Klenze auf Ludwig ein, der Kurie zu folgen.

Der Wittelsbacher schimpft noch etwas »über der Pfaffen Hartnäckigkeit« und stellt dann bei einem Spaziergang auf dem Karolinenplatz dem Architekten die Frage: »Also grade über dem Sarge der Königin würde der meine zu stehen kommen?« Als Klenze bejaht, heitert sich »das verdrüßliche Gesicht« seines hohen Gesprächspartners auf. Ludwig antwortet: »Nun, dann bin ich mit dem Vorschlage einverstanden, denn das ist grade die paßliche Lage für Mann und Frau!« Wegen dieser »unbegreiflichen Äußerung« würde sich der Architekt am liebsten in ein Schneckenhaus verkriechen.

Zufall, aber Realität. Just in dem Jahr 1862, als die Propyläen Klenzes fertig werden, stürzen die Griechen ihren König: Otto von Wittelsbach, den Sohn Ludwigs I. Stich von Xaver Knesing.

91

Der alte Klenze. Er hat Großes für seinen König und für Bayern geschaffen. Wie keiner vor und nach ihm prägte er München. Holzschnitt von Hugo Bürkner.

Genauso unerfreulich sind für Klenze die Begegnungen mit der neuen Herrschaft. Und so verdunkeln seinen Lebensabend viele schlaflose Nächte. Dauernd, so berichtet er, nerven ihn Maximilian II. und seine »fieberhafte Ruhmsucht«. Dazu soll er ständig zwischen ihm und dem Vater Ludwig vermitteln.

Immer wieder kommt Klenze in seinen Memoiren auf die schier endlos langen Diskussionen mit dem nunmehr regierenden König zurück, der »eine neue, zeitgemäße, von allen Völkern anzunehmende Architektur« kreieren will. Sein Motto: »Aus allen Zeiten das Schönste auswählen.« Er weiß auch schon einen Namen für seine Idee: *Maximilianischer Stil*. Die Antwort Klenzes ist klar. Kein Architekt der Welt kann diesen Wunsch erfüllen.

Da der König diese Aussage in das Reich der Fabel verweist, rennt er dem Architekten weiter das Haus ein. Da wird dieser patzig und sagt kurz und bündig, er achte sich »dazu entschieden unfähig«. Klenze: »Hiemit war meine eigentlich architektonische Thätigkeit gegenüber des Königs Maximilian geschlossen.« Das heißt, er wird »nie mehr als Koch des bezeichneten architektonischen Sammelsuriums berufen, worüber ich im Verlaufe der Zeiten stets mehr Veranlaßung erhielt, herzlich froh zu sein«.

Das vom König gewünschte »architektonische Ragout« versucht nun Baurat Friedrich Bürklein (1813–1872) zu bereiten. Doch es mag dem neuen König nicht schmecken. Kaum sind nämlich die ersten zwei Häuser an der Maximilianstraße fertig (darunter das Hotel *Vier Jahreszeiten*), will »der König sie schon wieder ganz niederreißen oder wenigstens durch Abbruch eines Stockwerks, Vorbau von Bogengängen wesentlich verändern«. Sein Resümee: »Was bis jetzt in der Maximilianstraße gebaut, ist das abscheulichste, was ich kenne.«

Und so fällt die Charakterisierung des Monarchen durch Klenze und seine Zeitgenossen nicht sehr gut aus: »Er ist unterrichtet, von vielem, aber leider unpativem Verstande und vom besten Willen. Aber sein Wißen ist unfruchtbar und durchaus nicht lebendig und anregend«, meint der schreibende Architekt.

Ein »witziger Gelehrter«, so fährt er fort, habe über Maximilian II. gesagt: »Er beurtheilt uns nicht wie Gesunde, sondern wie Kranke, welche stets medizinischer Nachhilfe nöthig haben.« So erscheinen nach Auskunft dieses Kollegen »alle Maaßregeln für das Gedeihen der Wißenschaften nicht wie allgemeine kräftigende Diät und Speise, sondern stets wie Zugpflaster, welche man auf diese oder jene als wund oder leidend vorausgesetzte Stelle des scientifischen Körpers applizirt.«

Klenze teilt diese Auffassung und fügt die Meinung eines der bedeutendsten Chemikers der Welt hinzu: »Liebig selbst erklärte mir, daß des Königs Thun ihm selbst die wahre wißenschaftliche Ader unterbinde und daß er froh sei, seinen Ruf schon gegründet zu haben, weil dieses hier, unter solchem Einfluße, gewiß nicht geschehen würde. Andere charakterisirten des Königs Thun in dem Ausspruche, wenn er etwas vorbringe, so sei es nur eine Zangengeburt, und was er gebäre – ein Mondkalb.«

Klenze hatte unter Ludwig viel zu leiden, die Memoiren sind voll von Klagen, doch die Behauptung Maximilians II., der Vater wolle ihn auf dem Sektor Kunst »in den Schatten stellen«, sei total falsch. So sagt er zum Herrscher, »daß bei alle diesen Kunstunternehmungen ganz gewiß nur die wahre Kunstliebe des Königs Ludwig, ganz gewiß aber keine gehäßige Absicht gegen den Ruhm seines Sohnes betheiligt sei.«

Die ganze Auseinandersetzung beruht auf Ludwigs Willen, zwei große Bauwerke noch ihrer Vollendung zuzuführen: Befreiungshalle und Propyläen. Der letzte Bau am Königsplatz kann 1862 eingeweiht werden, just in dem Jahr, in dem Ludwigs Sohn Otto vom griechischen Thron gestoßen wird. Der Rundtempel über Kelheim wird schließlich 1863 fertig.

Fünf Jahre sind jetzt Ludwig noch vergönnt. Am 29. Februar 1868 verkünden die Münchner Glocken sein Ableben. Ein prunkvoller Trauerzug bewegt sich vorbei an den Bauten des Toten nach St. Bonifaz, wo das Ewige Licht nur

Auch kleine Kunst verbirgt sich im Nachlaß des großen Architekten. Dem »Großpapa v(on) Klenze« widmet ein Enkel diese Zeichnung an einem Weihnachtstag eines unbekannten Jahres.

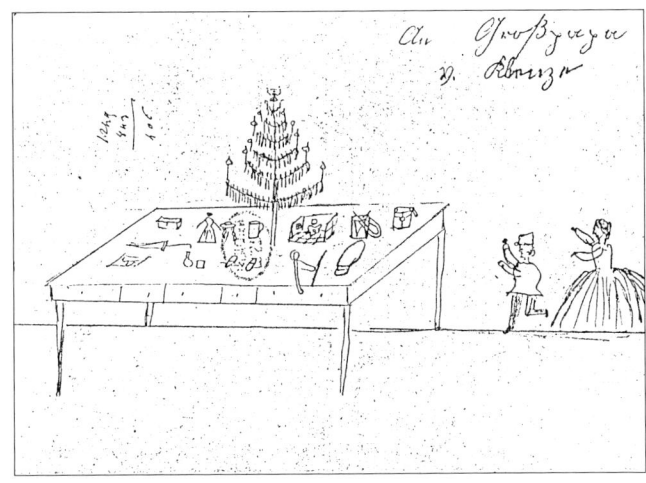

93

ihm oben und nicht seiner Frau unter ihm leuchtet. Ludwig wurde 82 Jahre alt und hat seinen Sohn Maximilian II. um vier Jahre überlebt – ebenso lang übrigens auch seinen Architekten Klenze, dem wir diese überraschend frischen Memoiren verdanken.

Gerade noch zu Lebzeiten Klenzes vollendet wird die Befreiungshalle über dem Zusammenfluß von Donau und Altmühl, auf dem Michelsberg, den schon die Kelten bewohnten. Ludwig nennt diesen Bau »meine liebe Befreiungshalle«, die Gärtner wegen seines frühen Todes nicht vollenden kann. Stich des Mittenwalders Nikolaus Knilling.

94

LITERATUR

Archivalien

Bayerische Staatsbibliothek München

»Klenzeana« – unter diesem Kennwort verbirgt sich der Großteil des Nachlasses des Architekten, Malers und Zeichners Leo Klenze. Der Umfang des Schrifttums und der Zeichnungen ist dermaßen gigantisch, die Blätter teilweise so ungeordnet und die Schrift nicht immer leicht entzifferbar, daß eine Gesamtausgabe wohl noch lange auf sich warten lassen wird. Dieses Buch stützt sich zu weit über 90 Prozent auf diesen äußerst kostbaren Münchner Bestand.

Res. 2° Bavar. 477c (Eigenhändige Skizzen für die Ausmalung des Königsbaus der Residenz).

Architektursammlung der Technischen Universität München

Planschrank 32/7 und 32/8 (Skizzen Klenzes für die Eremitage in Petersburg).

Gedrucktes Unikat

Klenze, Leo: Das Kaiserliche Museum der Schönen Künste in St. Petersburg, München 1850. Eine Kopie dieses Buches, das in Deutschland nur in einem Exemplar existiert, befindet sich im Besitz des Verfassers.

Quellen

Eulenburg-Hertefeld, Philipp zu: Das Ende König Ludwigs II., Frankfurt 2001.
Gesandtenberichte aus München, München 1935ff. (darin Zitate von Bernstorff).

Sekundärliteratur

Graf, Oskar Maria: Das Leben meiner Mutter, München 1974.
Reiser, Rudolf: Das Casino der Roseninsel und ihre Könige, München 2000.
Reiser, Rudolf: Die Prunkräume im Ismaninger Schloß, 1994.
Vom Herzog-Max-Palais zur Landeszentralbank, Geschichte des Hauses Ludwigstraße 13 (Geburtshaus der Kaiserin Elisabeth), München 1990.

Weiterführende Literatur (Auswahl)

Buttlar, Adrian von: Leo von Klenze, München 1999.
Nerdinger, Winfried (Hrsg): Leo von Klenze – Architekt zwischen Kunst und Hof 1784–1864, München u. a. 2000.

REGISTER